CRITICAL THINKING

JONATHAN HABER

クリティカル・シンキング

※本文中に登場する太字の用語は用語集で解説しています。

シリーズ序文

マサチューセッツ工科大学出版局エッセンシャルナレッジシリーズは，今注目を集めている話題をわかりやすく簡潔にまとめ，美しい装丁にして読者にお届けします。一流の思想家を著者に迎え，本シリーズでは文化・歴史から科学技術まで多岐にわたる分野において，専門家による意見をまとめています。

欲しいときにすぐに情報が手に入る今の時代，さまざまな意見を知りそれらを正しく理解，そして，表面的な解説を見聞きするのは簡単なことです。しかし，それよりはるかに難しいのは，世界を本質的に理解する際のよりどころとなる基礎知識の習得です。エッセンシャルナレッジの書籍は，このようなニーズにお応えします。専門的なテーマを一般の読者にも理解できるようにまとめ，基礎知識を通して重要な話題に関心をもたせます。コンパクトにまとまったシリーズ本を一冊一冊読み進めることで，読者は複雑な概念を理解する出発点に立つことができるでしょう。

マサチューセッツ工科大学（MIT）
生物工学および情報科学教授
ブルース・ティダー

序文

元アメリカ合衆国大統領バラク・オバマは2009年に，教育政策に関するスピーチで，国家のチャレンジ目標を次のように表現しました。

> わが国の州知事と教育の最高責任者の皆さんに，学生の能力を測る評価基準の開発を求めます。それは，ただ単に穴埋め問題ができるかどうかを測るのではありません。問題解決能力やクリティカル・シンキング能力，起業家精神や創造力など，21世紀に求められるスキルを学生がもっているかどうかを見極める基準です。

この重点課題の答えの一つに，「全米共通学習基準（コモン・コア）」があります。国語（英語）と数学の2科目が対象で，学年ごとに到達すべきレベルを全米で定めたものです。この全米共通学習基準は，まず46州で導入が始まりました。重視されたのは「子どもたちが将来成功するために必要なクリティカル・シンキング能力，問題解決能力，分析力の評価基準の開発」です。

その20年前の1989年，ジョージ・H・W・ブッシュ元大統領が，政権主導による連邦教育改革戦略「2000年の目標」を表明しています。そのなかで2000年までに達成すべき教育目標として5番目の目標に掲げられたのが「成人識字率100％と生涯学習」です。その一環として「高度なクリティカル・シンキング能力と効果的なコミュニケーション能力，そして問題解決能力をもつ大学卒業者の割合を大幅に増やす」ことを目指しました。

このような国としての教育重点目標やその他の戦略など，さらに100年以上前にさかのぼって調べた研究プロジェクトなどの取り組みが一様に強調しているのは，クリティカル・シンキングの大切さです。クリティカル・シンキングとは，社会人としての常識，つまり思慮深さや高い見識のような知的美徳とは一線を画した思考形態のことです。

現在では，世界各国の教育者や教育改革に携わる人々は事あるごとに，丸暗記式学習法からクリティカル・シンキング能力を養成する学習法への転換を主張しています。事実，社会人として雇用者側が求める最も高度なタイプはクリティカル・シンキングのもち主，クリティカル・シンカーです。

このことは，2013年に実施されたアメリカ単科大学・総合大学協会による「雇用者が採用する学生に何を望むのかを調査した研究報告」でも裏づけられています。それによると，研究調査に協力した「雇用側である企業の75％以上が，特にクリティカル・シンキングと複雑な問題の解決能力，文章によるコミュニケーション能力，会話によるコミュニケーション能力，および実社会における知識の実践応用力の五つを兼ね備えた人物を採用する人材に求めたい」と回答しました。

2018年，世界の経済先進国からなるOECD（経済協力開発機構）でも，ある調査プロジェクトが始まりました。それは「学生の創造力とクリティカル・シンキング能力を養い，学生自らが知識の向上と意識の変革を行って現代のグローバル経済を乗り切れるようにすべきである」というコンセンサスの高まりを受けたもので，どのようにクリティカル・シンキングを教え，そしてどのようにクリティカル・シンキングを評価できるかを調査するプロジェクトです。

経済がグローバル化したことで，これまで重視されてきた大衆向けの大量生産・大量消費よりも，個人向けのコンテンツやサービスがもてはやされるようになりました。それゆえ，情報の正誤判断がよりいっそう重要となり，クリティカルに物事を考えられる人材をいかに育成すべきかが世界各国で話題になりました。まだ数は限られていますが，中国のように高等教育でクリティカル・シンキング能力を育成するプログラムが着実に増えてきているのも事実です。このクリティカル・シンキングの教育は，有名な古典的な教科書を学生に一方的に押しつける従来型の教育に風穴を開けることを物語っています。ある中国の研究者の発言にも，それは明らかに表れていて，次のように述べられています。

科挙試験に見られるような，暗記学習中心の伝統的な中国式教育から脱却しなければならない。その出口戦略として論文誌やメディアでよく取り上げられ，今後必要になってくるのがクリティカル・シンキングだ。

経済から政治討論に目を転じると，「フェイクニュース」をはじめ，激しい対立を招くテーマでは，正しく筋道を立てて物事を考える能力の大切さが浮かび上がってきます。この正しく推論する能力は真実へ至る道筋を示し，十分な情報に基づく判断能力を授けてくれます。しかしながら2016年のアメリカ大統領選で表面化した問題は，有権者が正しく意思決定をして投票したのかと危惧されることです。すなわち有権者には感情的理由ではなく合理的理由に基づいて判断する能力があったのかという疑念と，さらには現代のアメリカ政治と世界政治に絶大な影響を与えているアメリカ第一主義のような排外主義をどう捉えるかという問題です。

国民が情報の正誤の見極めと正しい意思決定ができないことが一国の政治を大きく左右しかねないという実例を踏まえ，今日，世界でクリティカル・シンキングの教育が声高に議論されるようになっているのです。今やクリティカル・シンカーの育成は，全米共通学習基準の開発のような大規模プロジェクトの目標になりました。この能力を身につけて活用することは，人類にとって必須とまでは言わなくても，今後社会を生き抜くうえで必要不可欠だということは，声を大にして言えます。とはいえ，私が次のように問い掛けたなら，どれだけの人が答えられるのでしょうか？　「クリティカルに思考する」とは，どういうことなのでしょうか？

この質問に私自身答えを得ようと，いろいろな取り組みにかかわってきました。クリティカル・シンキングの教材や，さらには認知的能力を評価・計測する技術を企業と共同開発したり，デジタル・リテラシー教育に関連した教材開発のカリキュラムとその評価法にクリティカル・シンキングの原理を組み込んでみたりもしました。やがてクリティカル・シンキングの原理をより広い分野に適用することに興味をもつようになり，「クリティカル・ボーター（よく考える選挙民，Critical Voter）」の開発も始めました。これは，2012年の大統領選挙の事例を用いた教材です。教員向け関連教材も付属し，論理的考察，論証の方法，言語能力（説得的コミュニケーションを含みます），思考の偏り（バイアス）の制御など，本書で説明しているクリティカル・シンキング能力を養えるものです。

「クリティカル・ボーター」を一般読者向けに販売する以前に，その原理を適用した「試作版」をつくり，自分の子どもたちに教えて検証してみました。その子どもたちは本書が完成する頃には，大学生活を始めていると思います。

実は，たとえ息子が大学に入ったとしても，クリティカル・シンキングの観点からは必ずしもよい報(しら)せとは言えない現状があります。2011年に出版されて評判になった本『漂流する学び（原題：*Academically Adrift*）』で，著者リチャード・アラムとヨシパ・ロスカは，「大多数の学生は，大学に入学してからの最初の2年間は，クリティカル・シンキングをはじめとする，複雑な推理，文章力（要するに一般大学生に求められるスキル）など，各技能の習熟度が極めて低いか，そもそも習熟できていないかのどちらかだ」と指摘しています。それにもかかわらず，著者が引用したレポートにもう一度目を向けてみると，学生のクリティカル・シンキング能力の開発は学部教育において「非常に重要」または「必須」の目標だと大学教員の99%が回答しています。

『漂流する学び』は教育界にもメディアにも，高等教育をめぐる議論と論争を巻き起こし強い衝撃を与えました。これはつまり，クリティカル・シンキング能力をもたない人ばかりの世の中は，ニセの情報にまどわされるおそれがあり，非常に危険であるという共通した認識となりました。ではなぜ，クリティカル・シンキング能力がないと，そうなってしまうのでしょうか？

学者の社会でも一般市民の社会でも，そこで交わされるクリティカル・シンキングに関する会話では，ある前提が組み込まれています。それは，個人的な問題に直面しようと，社会的な問題に直面しようと，知識だけでは問題解決の役には立たないという前提です。

ここ数十年の間に，Web情報にアクセスして新しい知識に触れる機会が劇的に増えました。それを可能にしたのが，今や皆さんが肌身離さず持ち歩いているスマートフォンやタブレットなどのデジタル機器です。それでも物事の判断ミスは後を絶たず，個人的にも社会的にも，私たちにまとわり続けています。

今は古代エジプトの「アレクサンドリア大図書館」に匹敵する情報量が，ICTのおかげで手のひらサイズほどのスマートフォンに収めることができてしまう時代なのです。しかし悪いことには，たとえ大量の情報を簡単に入手できても，正確さと信憑性を自分で判断することができなければ，ニセの情報を無条件に信用してしまうだけでなく，情報の送り手が「事実」と偽って広めた情報をもとに，誤った結論を導き出しかねません。そういったニセ情報は，推論の欠陥を悪用して世論操作をする人々から発せられることが多々あるのです。

一方，2016年の大統領選挙に関しては，多くのアメリカ人が理性よりも感情に基づいて意思決定を行ったと結論づけているコメントがあります。それは，一般市民にはクリティカルに物事を考える能力が存在しないか，短絡的になりやすいということを示唆しているわけですが，クリティカル・シンキング能力の欠如の問題を見るのに国政をもち出すまでもありません。衝動買い，職業選択の失敗，愛する人との無用な言い争いなど，それこそ枚挙にいとまがありません。そういった個人的な問題の数々も，次のような思考トレーニングを積めば避けられる可能性が高いかもしれません。まず，その考えの出どころがどこ

判断ミスは後を絶たず,
個人レベルでも社会レベルでも,
私たちにまとわり続けています。

にあるかを見つけ，評価して，分析して，枠組みに入れてみます。次にソクラテスやアリストテレスの時代以来，正しい判断へと導いてきたルールに基づいて情報を取捨選択する，これを日々繰り返し行うのです。

先入観をコントロールすることは，クリティカル・シンキングの重要なテーマであり，本書でも一貫して論じています。僭越ではありますが，この場を借りて，長年この分野に携わってきた者として，ぜひ読者の方々にお伝えしたいことがあります。今日の世界が直面しているクリティカル・シンキングに関する最大の問題点は，残念ながらクリティカル・シンキングを満足に行える人が十分にいないことです。クリティカル・シンキングをどう教えればよいか，どう実践すればよいか，さらにはどう評価すればよいかが，クリティカル・シンキングを行うには極めて重要なのです。だからこそ，本書ではこれらに重点を置いた構成をしています。

私たち自身に，ほかの人に，あるいは他者を相手に，クリティカル・シンカーになる方法を教えるには，まずもってクリティカル・シンキングの基本を知る必要があります。ここで，本書を読み進めるにあたり，本書が取り上げている内容のあらましを簡単に説明しておきます。

第1章「『クリティカル・シンキング』の系譜」はこの用語の起源を哲学，心理学，科学など，クリティカル・シンキングがよりどころとする各学術分野の観点から解説します。本章が紹介しているのは，クリティカル・シンキングの初期の定義問題です。定義の議論でよく出てくるテーマがクリティカル・シンキングの定義ですが，ここでは筆者が気に入っている定義を盛んに宣伝するようなことはせず，クリティカル・シンキングという概念にはたいへん興味深い起源があるという事例をいくつか紹介するにとどめて，読者の皆さんの理解を深めて，より納得できるための指南となることに徹しました。

第2章「クリティカル・シンキングの組み立て方」では，クリティカル・シンカーになるために必要な知識，能力，個人の特性を考察します。クリティカル・シンキングは教える側によって内容の選択や実践方法にかなり違いがあります。しかし，クリティカル・シンカーが何を知り，何をできるようにすべきかに関しては，意見の一致があるということを示しています。

第3章「クリティカル・シンキングをどう定義し，教え，評価するか」では，クリティカル・シンキングを研究者がどう定義し，その概念が広範な枠組みにも応用可能かどうかについて，かなり専門的な考察から始めています。この考察から必要十分な卓見が生まれ，ひいては世界にクリティカル・シンキングを普及させるという重要プロジェクトへと発展することも期待できるだろうと自負しているところです。章の後半は，どうすればクリティカル・シンキングができるようになるかについて，そのための教育および評価の方法に関する研究と実践例を用いて解説しています。

本書執筆にあたり，かなり広い層の読者を想定しました。それはクリティカル・シンキングをフルタイムで教えられるという幸運に恵まれた，大学教員にとどまりません。数学，科学，国語，歴史など，高次の思考が要求される分野を学ぶ子どもたちにクリティカル・シンキングを教えようと懸命に取り組む，幼稚園から高校まで（K-12*[1]）の教諭・教員・教師の方々も対象です。さらに，わが子を自分自身で物事を考えられる人間に育てたいと望んでいる両親も対象としています。そして最終的には，教室のなかでも個人でも，学びを実践されているすべての方に読んでもらいたいのです。末筆ながら，この本の読者の方が，今以上に効率よく考え，熟考を重ね，理性を働かせた意思決定をすることで，今後さらに豊かな人生を送ることができるようになると，確信しております。

---

*1 幼稚園の1年と初等・中等・高等教育の12年間を含む13年間の教育期間のこと。アメリカでは主流の学校制度。

第1章

「クリティカル・シンキング」の系譜

「クリティカル」と呼ばれる特徴的な思考の方法は，どのようにして生まれたのでしょうか？

クリティカル・シンカーの育成が教育の優先課題になってくると，教師，政策立案者，研究者は，既存教科と同じやり方でクリティカル・シンキングを理解しようと努めてきました。読み書きをはじめ，数学，化学，生物学を学ぶ場合，それぞれの教科を形づくる知識の理解から教科学習に入るという手順を踏みます。化学ならば，化学という科目の定義から始めます。それはたいてい，「物質の組成，構造，特性，および物質の受ける変化を扱う学問分野」という辞書の定義に沿った内容になるでしょう。そして原子と分子について学んでから，分子内の原子が分離したり結合したりといった化学反応の学習へとステップアップします。

序文でもすでに述べましたが，本章はまず，過去に行われてきたクリティカル・シンカーの定義づけに関する試みからいくつかを取り上げます。続く第２章では，クリティカル・シンキングを構成するあらゆる要素を詳しく説明していきます。そして第３章では，これらの要素がどのようにクリティカル・シンキングの定義や教授法，および評価法を形成するのかを中心に考察します。

研究者や教育者の考えが一致している，クリティカル・シンカーが身につけて実践すべき能力の一つは「物事を多角的に考える力」です。クリティカル・シンキングという発想が生まれた地域，そのきっかけ，その発展の歴史的つながりを考察することから本章が始まっているのもそのためです。

クリティカル・シンキングの起源は，哲学の起源にさかのぼります。まずは，哲学の歴史からたどっていきましょう。

クリティカル・シンキングの哲学

紀元前６～紀元前４世紀，人間の知性の爆発期とも呼べる知性の開花が起こりました。世界を形成する事がらに初めて明確な定義が与えられ，その多くが現代では当然のように受け取られています。たとえば孔子は正しい人間の行動と社会組織論，現代で言うなら倫理哲学や政治哲学と呼べそうな理論を発展させました。インドでもちょうどこの頃，ヴァイシェーシカ学派の実践者たちが，「実在の本質とは何か」という形而上学的な問いを探究していました。

西洋でも，やはり似たような知性の勃興（ぼっこう）が古代ギリシャで起こりつつありました。当時のギリシャはアテナイ(アテネの古名)のような小さな都市国家に支配されており，西洋哲学はここで生まれました。

古代ギリシャ哲学の起源の物語には，3人の立役者がいます。最初はソクラテス。彼は凝り固まった物の考え方に疑問を投げかけ，「吟味された人生」を究めようとした人です。その業績によりのちに「西洋哲学の父」の名を冠されましたが，アテナイの市民に忌み嫌われた結果，言い渡された死刑を甘んじて受け入れました。ソクラテスは著作を残していませんが，弟子たちによって彼の卓見は書き記されました。とりわけよく知られているのが，プラトンによる記述です。彼の『対話篇』には，師ソクラテスの思想と彼自身のイデア論とが織り交ぜられて登場しています。またプラトンは哲学を教える西洋世界で最初の学園「アカデメイア」を設立し，才気溢れるアリストテレスのような弟子がここで学びました。

西洋思想のほとんどは，こうした古代の思想家たちの編み出した観念が土台となっています。有名な20世紀のイギリス人哲学者で数学者のアルフレッド・ノース・ホワイトヘッドの言葉を引用して要約すれば，西洋哲学のすべての流れは「プラトンの脚注の連なりでしかない」ということになるでしょう。しかしながらクリティカル・シンキングの起源を理解するには，プラトンの弟子であるアリストテレスの主要な著作に目を向けなくてはなりません。

ただし，アリストテレスをはじめとする古代ギリシャ哲学全般を理解する前に，注意すべきことがあります。当時は哲学と科学の間に，現在見られるような明確な違いが存在していなかったということです。たとえば，**ソクラテス以前の哲学**と呼ばれるギリシャ哲学の先駆けとなる学者たちは，物質界の本質の解明に力を注いでいました。彼らは「世界は水または火で構成されている」とか，「磁石は生き物である」と説明しました。現代人の目からすれば，いかにも単純な発想に見えます。しかし彼らのような思想家は，自然現象を魔術的・宗教的に説明するのではなく，自然界の法則として解明しようとする科学者たちの先駆け的存在になりました。

アリストテレスの偉業の一つは，彼自身やほかの思想家たちが研究した広範なテーマを整理し，体系化したことでした。事実，アリストテレスがあまたの主張を分析したり整理したりしたおかげで，現在の学術分野の多くが生物学や政治学などの独立したジャンルにはっきりと区分されたのです。

アリストテレスのアプローチは当時としても独特でした。彼は収集した証拠や実例を用いて，系統立てて学術分野を体系化したからです。たとえば，アリストテレスは弟子のアレクサンドロス大王が征服した地から持ち帰った標本を使って動植物の研究をしましたが，この研究により身体的特徴に基づく分類法が生まれました。これは現在，生物を分類するために用いられている生物学的分類法の前身です。同様にアリストテレスは

クリティカル・シンキングの起源を
理解するには,
プラトンの弟子である
アリストテレスの主要な著作に
目を向けなくてはなりません。

『政治学』という著書のなかで，同時代の政治体制の構造を政治組織の「標本」として分類し，その分類体系と政治学を定義する仕組みを統合しました。

またアリストテレスは論理学の源流となる，一連の著作を残しています。その著作で彼が紹介しているのは情報を分類する体系，論理的主張を組み立てて分析する方法論，推論の誤り（誤謬）の類いです。こうした彼の思考法については，第2章の思考の組み立て方を探る議論でも取り上げます。彼の『弁論術』という言論術に関する著作では，理念や主張に説得力をもたせるには語句をどう選択し，どう構成すればよいかを述べています。言葉によって説得力が生まれるのはクリティカル・シンキングでも同じであり，この点も第2章で考察していきます。

アリストテレスの著作の多くは何世紀もの間，散逸していました。しかし彼の著作はその後，さまざまな時期に再発見されてほかの古典テキストとともに使用され，知的探究の新時代の幕開けを飾ることになりました。彼の一言一句が実際に読まれていたわけではないとしても，彼が生み出した数々の着想，特に論理学や弁論術に関する着想は，その後何世紀にもわたって教育の基礎となったのです。

たとえば，古代ギリシャ人や古代ローマ人の学校教育は，弁証論，修辞学，文法（言語とその構造）からなる，いわゆる「三科（トリウィウム）」を学ぶことから始まりました。この三科を修了した学生は順次，算術，幾何，天文，音楽の四科（クァドリウィウム）へと進みました。古代世界における自由七科（リベラルアーツ）は，追加された四科と最初の三科で成立しています。弁証論と修辞学は三科・四科の枠組みにいつも収まっていたわけではありませんでしたが，中世を通じて一貫して知識人の証とみなされ，それは近現代に至っても存続しています。

私が学生だった1980年代，ある教授が「クァドリウィウム」と題した講座を開いていました。これは，かつてのリベラルアーツをなしていた「四科」を教える現代版アプローチです。同様の実験はリベラルアーツ系のさまざまな学校で行われてきました。今日，アメリカのホームラーニング（家庭学習）派の一部で「三科」方式学習に子どもたちの親から高い関心が寄せられており，そこでは古典教育と宗教教育は区別されずに教えられています。このような古代に端を発する思考法に対するささやかな支持表明と，クリティカル・シンキングに関するどの議論にも古代ギリシャ発祥の論理学が顔を出していることを考えると，学習者に単なる知識を超えた何かを授けようと試みる人たちを突き動かしているのは，「知への愛（「哲学」，フィロソフィーの原義）」だと言えます。つまりそれは，知的好奇心にほかならないということになります。

ルネサンス，科学革命，啓蒙時代

ヨーロッパでは14世紀になると，それまでの学問や政治に対する意識が大きく変化し始め，物の考え方に対する変革が起きています。そしてクリティカル・シンキングを形づくる重要な要素はこの時期から表れ始めます。

14～17世紀のヨーロッパに起きたルネサンスは芸術，建築，工学が花開いた時代として知られています。この時代，ミケランジェロやレオナルド・ダ・ヴィンチといった「万能の人（ルネサンス・マン）」は芸術の傑作を残すにとどまらず，都市の要塞化や初期の飛行機の設計を手掛けるなど，工学分野を著しく発展させました。「ルネサンス（Renaissance）」は「再生」という意味で，知の主体性が復活した時代です。それを促した主な要因は，古代ギリシャ・ローマ時代の哲学的著作の再発見でした。こうした古文書はヨーロッパの修道院で見つかったり，滅亡の危機にあったビザンツ帝国から西ヨーロッパに持ち去られたりしたものでした。

数学と科学における画期的な進化が始まったのも，ルネサンスが進行していた15世紀です。この時代に数学とともに，科学における観測手法が進化を遂げて「地動説」という大発見をもたらし，世間に大きな論争を巻き起こしました。

これについて，一般に広く普及している簡略版の説明では次のように説かれています。

> コペルニクスやガリレオのような勇敢な科学者が，数学上の計算と科学的発見を通じて「地球が太陽の周りを公転している」のであって，その逆ではないことを立証した

とき，カトリック教会が人心を支配していたヨーロッパの暗黒時代は終わりを告げた……こうして「科学的観察に基づく思考法」は勝利し，科学者ではない一般市民も宗教の教義にとらわれることなく，論理的・科学的に物事を思考するようになった。

しかしよくあることですが，現実の歴史はそんなに単純ではありません。たとえば初期の科学者たちが闘っていたというカトリックの教義も聖書の記述と同じくらい，古代ギリシャの哲学や科学と大いに関係があります。神は無限の力と知と善のもち主で，天国は人間のいる物質界とは別個に存在する完全なる世界であるという発想は，ヘブライ語の聖書やギリシャ語で書かれた新約聖書にはほとんど見受けられません。ですが，プラトンの著作としてよく知られた「洞窟の比喩」が含まれる対話篇『国家』などに頻出する，完全な「かたち」をもつとするイデア論では，古代ギリシャ哲学で盛んに議論されていました。4世紀にローマ帝国がキリスト教に改宗したとき，それまでギリシャ哲学の原理をよりどころとしていたローマの思想体系の多くが，キリスト教の知的伝統に取り込まれました。同様にトマス・アクィナスが13世紀，当時再発見されたばかりのアリストテレスの『命題論』や『自然学』などの著作をキリスト教神学に統合したおかげで，古代ギリシャの科学はキリスト教思想という大きな傘のなかに収まることになりました。このような

こうして「科学的な思考」は
勝利し，その結果
科学者ではない一般市民も
宗教の教義にとらわれることなく，
自らの理性を働かせて，
科学的に物事を思考するようになった。

「新プラトン主義」に基づくアクィナスの神学は哲学的・科学的な基礎となり，世界の仕組みに関する教会公認の学説となり得たのです。

しかし残念なことは，自然に関するアリストテレスの科学的説明は，彼の論理学に関する著作ほどには強い説得力をもたなかったことです。確かに，自然現象を神の御業と説明せず，人間が自身の感覚で観察した現象から真理を推量するアリストテレスの見立てたこの方法は，当時としては想像を絶する知の大変革に相当するものでした。しかしこのアプローチには，静止している私たちの周囲を太陽や月や星が回っているという感覚を説明できないという問題がありました。一方，2世紀にプトレマイオスが発展させた天動説（地球中心説）は人間が感覚的に理解しやすかったため，彼の生きた時代にとどまらず，15世紀になってもなお科学的に正しいとされていました。

それでもプトレマイオスの天動説は，観察されるすべての現象を説明できたわけではありませんでした。たとえば，夜空に気まぐれな軌道を描く惑星の通り道。これは彼の世界観にぴたりとは当てはまりません。こうした矛盾がいくつもあったことでケプラー，コペルニクス，ガリレオなどがプトレマイオス説に代わる理論の探究に駆り立てられました。彼らは観察したすべての事実と実験結果に基づくデータにうまく適合する地動説（太陽中心説）を提唱します。こうして地動説を打ち立てた彼らは聖書の記述だけでなく，アリストテレスやプトレマイオス学派の教義とも対立しました。この見方に立つと，ルネサンスの科学革命は迷信を払拭したというより，地球を中心に宇宙を考える旧来の**パラダイム**に取って代わったと言えます。20世紀にも，アインシュタインの相対性理論と量子力学がニュートンの機械論的宇宙観を覆した事例があります。少なくとも，非常に高速で動くもの（相対性理論）と非常に微細なもの（量子力学）を調査するときは，それぞれに見合ったアプローチをとる必要があるということです。

ここで肝心なのは，科学者の間でさえ，地球が宇宙の中心にあるという「天動説」に基づく世界観から地動説にすんなりと移行したわけではないという点です。最終的にアイザック・ニュートンによって，不完全だった地動説に新たな説明が加えられました。ニュートンは，太陽や惑星を含むすべての物体に重力の影響がどのように及ぶかを研究し，天体運動を説明できる数式を発見した科学者です。地動説はこの説得力のあるニュートン説によって磨き上げられ，プトレマイオス説よりもシンプルに，しかも正確に，観察された現象を説明しました。証拠に基づく着想の確認，証拠とぴたりと一致するような主張の裏づけとなる力学（ニュートン力学など）を見つける必要性，そして複雑な説明よりも単純な説明を優先させること。これらの新しいアプローチは，ある特定の説を受け入れるとか捨てるとかいう次元をはるかに超えて，科学的方法論の決め手となりました。

このような科学の新しいアプローチに重要な役割を果たしたのが，哲学です。ルネサンスから科学革命，啓蒙時代に至るまで，科学と宗教の境が曖昧（あいまい）だったとしたら，科学と哲学は区別されていないも同然でした。事実，近代史において，科学分野を研究した人のほとんどは「科学者」ではなく，「自然哲学者」と呼ばれていたのです。

そんな自然哲学者の一人が，ルネ・デカルトです。哲学者にして数学者でもあったデカルトは，今日の数学と科学の基礎をなす代数学と幾何学の発展に多大な貢献をし，「徹底的懐疑」に基づく思考実験によって，近代哲学の幕を開いた人物です。その問いは自身の感覚的認識を含むあらゆる事物の実体を疑うことから始まり，疑いの余地なく真実だと言えるもののみが残ったと結論づけられるまで，徹底的に疑うというものでした。デカルトは，自分は思考する存在であると述べています。これは，自身が思考にかかわるとは，自らが思考する存在でなければならないという論拠に基づいていると言えます。これに対するデカルトの答えは，「コギト」と呼ばれる有名な命題「我思う，故に我あり」の基礎になりました。デカルトは『方法序説』(『理性を正しく導き，学問における真理』を探究するための方法の話）のような著作で，自身の理念を科学の領域にまで広げ，必然性のありそうな事がらと数学的証明を結びつけて科学的根拠をもたせる試みを行いました。

フランシス・ベーコン，デイヴィッド・ヒュームのようなほ

近代史において
科学分野を研究した人の大半は
「科学者」ではなく
「自然哲学者」と呼ばれていたのです。

かの哲学者たちは異なるアプローチをとり，真の知識の源泉として抽象的推理よりも観察と実験を繰り返して得られる経験を強調しました。デカルトのような観念論者とヒュームのような経験主義者とで交わされた論争は，理性を真理の源とみなし，数学こそその理想形と仰ぐプラトン派と，目に見える形で存在する証拠重視の生物学的方式をとっていたアリストテレス派との間で交わされた古代の論争の再演とも言えます。

本書では，イマヌエル・カントのような後世の哲学者たちがどのようにして両者の溝を埋めたかについては言及しませんが，すでに述べた例から，二つの考え方が新しい科学的探究法の発展を促したという点は理解していただけるかと思います。つまり，科学的証拠が果たす役割の大きさや説明（仕組みや原型）の必要性といった哲学的概念，そして知識をさらに深める働きをする懐疑主義です。

現在，世界中の学生は，ここまで述べてきた「科学的方法」により教育を受けています。すなわち問いを発し，問いへの答えを提示し（以下，「**仮説**」と呼びます），仮説を暫定的に支持し，それを裏づける証拠や仮定の誤りを証明する証拠を集める手法です。こうしたプロセスを経た仮説は，絶対的真理ではないものの，さらなる精査に耐えられる叩き台（**根拠**）としては十分に機能する「**理論**」になります。

科学的手法による推論が最も進んでいるのは，現代の科学者が採用するアプローチです。具体的には，仮説を検証するために注意深く考えられた緻密な実験と，正式な手続きにのっとった査読です。査読では，ほかの科学者によって生成された経験的証拠を別の科学者が吟味したり，彼らの実験や発見の再現性を試みたり，建設的懐疑主義の精神で説明や数理モデルを試みたりします。教師が学校の子どもたちに教えている科学的手法が，文字通り科学的アプローチによる探究を促しているのかという疑問は残るかと思います。あるいは，現在の科学的アプローチの限界に関する科学的で哲学的な疑問について，さらに掘り下げることもできるでしょう。しかし，クリティカル・シンキングを理解するうえで「科学的方法」という共通理解を活用すれば，同様の方法論が科学以外でも私たちの理解にどう役立つか，その可能性は確かめられるはずです。

私たちは，物事はすべて条件つきで受け入れなさいと教わり，育てられてきたでしょうか？　検討すべき事がらに関係なく，いつでも公正に検証し，事実や観察結果と一致しない場合はその考えを捨てる準備がいつでもできているでしょうか？　確かに，だれに投票するかを決めるのに特別な機械を使わなければ意思決定ができないということはないですし，どの自動車を買うか決めるのにわざわざ査読プロセスを挟む必要などありません。しかし，クリティカル・シンキングではいきなり答えに飛びつくのではなく，まず仮の答えを示してそれが合理的な答えかどうかを試し，その結果に基づいて結論を出すことが求められます。こうしたアプローチは「科学的」と言えるものですが，次の表現のほうがより正しく言い得ているかと思われます。すなわち，「科学者を含むクリティカル・シンカーはすべて，用いる方法こそ現代科学の発展に影響を受けてはいるが，生活のあらゆる場面に通用する方法論に従っているのだ」と。

19世紀になると，それまでの4世紀にわたって発展してきた科学的実践を中心に新しい学問分野が形成されるようになります。それには人間の心の科学，すなわち心理学も含まれます。また19世紀には哲学の新しい学派，プラグマティズム（実用主義）も誕生しています。心理学とプラグマティズムはともに，クリティカル・シンキングという概念の誕生に重要な役割を果たしました。

心理学とプラグマティズム

クリティカル・シンキングの研究者エミリー・R・ライはR・J・ステンバーグの著作を引用して，クリティカル・シンキングモデルの開発における心理学の役割を，哲学と科学の場合とで対比しています。そこでライは，心理学者は「実際に人々が考えていることに対し，理想的条件下だったらどのように考えるか，あるいはどう考えるはずか，と対立させて扱いがちだ」と指摘しています。

心理学が独立した学問として出現した19世紀後半，多くの新しい学術分野が自然科学的なアプローチから生まれ，それに基づいて定義づけられました。この時代，ジグムント・フロイトが広めた考えは「私たちの心は，理性に取って代ろうとする攻撃的な感情や動物的本能によって分断されている」というものでした。フロイトの研究はほとんど非科学的，それどころか非倫理的でもあると問題視され猛烈な攻撃を受けましたが，文学，哲学，宗教の文献から多くを援用した彼の卓見は，私たちの精神構造の理性的側面と非理性的側面に今なお光を当て続けています。

ドイツのヴィルヘルム・ヴントは，今日の大衆文化における知名度はフロイトほど高くはないものの，現代の「科学的心理学の祖」とされています。彼は，人間の意識構造に関して，従来の哲学的アプローチに生理学で用いられるような実験的手法を加えて補完した人物です。ヴントは，慎重に構成された意識を調べる実験で刺激に対する被験者の反応を収集し，その測定値と被験者のフィードバックを組み合わせる方法論を考案しました。この方法は今も，現代心理学研究の基礎となっています。フランスのピエール・ジャネもヴントと同じように，心の研究に科学的アプローチを用いました。ジャネの果たした多大な貢献のひとつに，「人間の精神構造の分類」があります。これは下等生物と人間に共通する低次の認知活動から，言語や記号を用いた推理など，人間だけがもつ高次の知能に至る精神活動までを段階ごとにカテゴリー分けしたものです。

アメリカにおける心理学の父は，小説家ヘンリー・ジェイムズの兄ウィリアム・ジェイムズです。彼は，最も権威ある心理

ドイツのヴィルヘルム・ヴントは，
今日の大衆文化における知名度は
フロイトほど高くはないものの，
現代の「科学的心理学の祖」と
されています。

学研究書の一冊とされる『心理学の根本問題』を1890年に著しました。また，ハーバード大学最初の心理学課程で教鞭をとったのもウィリアム・ジェイムズです。

彼は科学的原理に基づく心理学研究で重要な役割を果たしたことに加え，アメリカにおける哲学の中心人物であり，プラグマティズムと呼ばれる学派を広めました。プラグマティズムは，完全なアメリカ生まれの哲学で，唯一主要な流派と考えられています。このプラグマティズムに発展をもたらしたとしてジェイムズに高く評価されているのが，天才肌で変わり者だったチャールズ・サンダース・パースです。

プラグマティズムでは，物事を経験的あるいは精神的性質ではなく，その実用性によって定義されると考えました。たとえば「ナイフが鋭い」のは刃先が広いからでもなければ，その鋭さがプラトンの言うイデア（理想形）に関係しているからでもありません。「私たちがナイフを実際に使う（たとえば何かを切るとか）」こと，ただそれだけがナイフの鋭さを定義していることになるのです。同様に，ある絵画が美しいと感じるのはその作品にもともと備わった性質ではなく，見る人に与える美的影響が大きいから，それは美しいということになります。

プラグマティズムがクリティカル・シンキングの発展に果たした役割は，思考そのものにパース流のプラグマティック（実用的）な分析を取り入れたことです。彼は思考を心や魂の特性ではなく，目的達成の手段として捉えていました。

パースは数少ない自身の発表論文の一つで，一連の見解を提示しています。1877年刊行の月刊誌『ポピュラーサイエンス』に発表した「信念の固定化について」で，「人間のあらゆる思考の動機になっているのが疑念であり，我々は皆疑念から生まれる不快感を払いのけるために，大なり小なりの信念を絶えず生み出している」と述べています。パースはこの前提に基づき，疑念から生まれる信念が私たちの心に固定化される四つのアプローチを示しています。

一つ目は「先天的（a Priori）」なアプローチで，気持ちが晴れるようなことばかり考え続けること。二つ目は，自分の信念がある「権威（Authority）」によって確立されるようなケース。たとえば聖職者階級や社会規範などによって，どの思想や考えが許され，どれが禁じられるのかを決められたりするときです。そして三つ目は，このような権威筋に再三再四，自由な精神で立ち向かっていく「固執（Tenacity）」。文字通り自身の考えに固執した信念をもつようになり，その信念体系が正しいか間違っているかに関係なく，どんな犠牲を払おうとも頑としてそこから離れようとしない態度です。

信念を固定化するこれら三つのアプローチ（先天的，権威，固執）には，どれ一つとっても真実にたどりつく唯一の道として太鼓判を押せるものはありません。パースは真実を見つけるのが目的ならば，四つ目のアプローチとして「科学（Science）を模範にしなさい」と提案しています。科学的アプローチ（科学的推論）では，どんな信念も条件つきでしかみなされなくなります。実験を幾度となく繰り返し，証拠の積み上げを繰り返して真実に近づいているように思えてもなお，信念は相変わらず条件つきとみなされるのです。

パースとジェイムズはアメリカの知性史（インテレクチュアル・ヒストリー：知の営みの歴史を扱う学問）において大きな役割を果たしましたが，以上のような卓見を初めてクリティカル・シンキングとして具体化させたのは，教育分野で活躍していたもう一人のプラグマティズム哲学者，ジョン・デューイでした。

ジョン・デューイ

1890年代から1930年にかけてシカゴ大学，ついでニューヨークのコロンビア大学で教鞭をとっていたジョン・デューイは，20世紀の教育者のなかで最重鎮と目される人物の一人です。ウィリアム・ジェイムズと同じように，デューイもプラグマティズム派の哲学者であり，心理学初期の理論形成に大きく貢献した人物です。

しかし，現在デューイの名が最もよく知られているのは，教育学上の功績です。彼の進歩主義教育による学習モデルでは，学生は教師の説明や暗記式学習法に頼らずに，具体的な経験や活動を通して学習すべきと説いています。この進歩主義教育モデルで彼は，イタリアのマリア・モンテッソーリ，オーストリアのルドルフ・シュタイナーと並び称されました。なお，モンテッソーリとシュタイナーの理念は，世界中にあるモンテッソーリ学校やヴァルドルフ（シュタイナー）学校に今も影響を与えています。

子どもの教育をめぐる進歩主義派と従来型教育の擁護者との論争は，デューイの時代から現在もなお続いています。たとえば，子どもたちが何歳になったら読み書きを教えるべきかについて，デューイ，モンテッソーリ，シュタイナーらの意見は異なっていました。しかし，彼ら進歩主義派は，子どもたちの心は教師などの権威者が自由に染めるべきではないという信念において一致していました。子どもたちは好奇心旺盛で，才能も豊かであり，教師がすべての答えを提示しなくても手掛かりを与えさえすれば，子どもたちは自ら理解し，学びとることができると，彼らは主張したのです。

デューイは20世紀を通じ，政治学の分野でも多大な貢献を果たしましたが，その研究の大半に反映されていたのは宗教的信条と，それと双璧をなす民主主義への深い傾倒でした。民主主義社会が求める市民とは，自ら見聞を広め，筋道を立てて体系的に物事に取り組み，自分たちの生活や政治に主体的にかかわる人々のことです。

デューイは最も有名な著作『民主主義と教育』（1916年，邦訳：1975年，岩波文庫）で，自身の考える民主主義的市民をつくりだすにはアメリカの教育制度をどう形づくればよいかについて，詳しく述べています。しかし，彼がそのような民主的市民に何を望んでいたかを理解するには，まず1910年に彼が書いた初期の著作『思考の方法』(1950年，春秋社)に目を向ける必要があります。

デューイは『思考の方法』でパースによって初めて明確に表現されたプラグマティズム的理念から派生した心理学的概念をもとに，人は心に浮かんだ疑い(疑念)を払うために思考すると述べています。疑いとは，人間が何としても消し去ろうとする，本能的に不快きわまりない心の状態のことです。

乳幼児の行動と彼らのもつ比類なき学習能力は，この不快な疑念を払拭(ふっしょく)したいという欲求が原動力になっていると言っても過言ではありません。彼らは自然と好奇心に導かれるままに，利用可能なあらゆる能力——触覚，動作，言語——を駆使して，自分たちの周りの世界を理解していきます。

しかしパースが「信念の固定化について」で指摘したように，疑念の払拭方法はいくつもあるとはいえ，あまり建設的ではない方法もあります。たとえば最初に聞かされた説明をそのまま信じ込んだり，自分にとって聞こえのいい理念を受け入れたり，権力者からの意見を額面通りに受け取るなどの場合です。

デューイは当時(そして今なお)，行われていた「工場式」教育モデルを疑問視していました。工場式教育モデルでは教師から差し出された答えを生徒が学び，習熟度の確認はドリルや試験によってのみ行われるため，生徒には自ら発見しようという意欲が湧いてきません。デューイは，生徒が「もてる力を発揮」する学習活動によって，生徒自身による「発見」が促されるはずだと考えました。しかし新しい学習活動にも問題はあり，デューイは『思考の方法』で，このようにこぼしています。「もし生徒の自発的活動が［伝統的］な学校で多少は認められるとしても，頭を長時間使ってばかりでは生徒もしんどいだろうから少しは休ませろとか，もっと社会に出て役に立つ勉強もやらせろとか，そんな外野からの執拗な要求にしぶしぶ折れることでもある」。

一方でデューイは，「確かにこれは子どもたちの活動であり，教材や理論の素材をただ受動的に吸収するのではない。しかしもう一方の極端な考えは，自発的学習ならばどんな活動でも，魔法にかけられたような目覚ましい教育的効果があると熱狂的に信じ込むことだ」と，発見に基づく活動そのものを目的化する進歩主義教育者を批判しています。

デューイは，主体的な学習活動など非体系的で規律もとれていないとの批判に対し，効果的な学習のもつ特徴を定義することで反論しました。それは，これまで教室で行われてきた，教師主体の授業を排除した活動ならばどんなものでも本質的に優れていると思い込み，進歩主義派的教育に飛びつくやり方とは似て非なるものでした。

デューイは，効果的な学習活動は動機づけとなる疑念が子どもたちの心に芽生えることから始まると言い，とりわけ個々の子どもが興味や関心をもつテーマで，しかも明確な答えが得られていないケースで効果があると述べています。学生や生徒が学びの動機づけとなる疑いを抱いたら，その疑いを論理的に解決し，最適な答えを導くための手引き役になる。これこそが教師の仕事だというのが，彼の主張です。

デューイは，アリストテレスから始まって，彼の同時代に至る思想家たちが発展させてきた形式論理学体系を説明する際,「論理」という用語を用いませんでした。彼の著した『思考の方法』でこの用語（論理）が指し示すのは，むしろ科学的手法による推論法のほうでした。そこでは解決案の提示は行うものの，集めた証拠を試験にかけ，答えに対する最初の取り組みの確認や反証を経るまでは仮の解決案として保留しておきます。反証された場合は同様の思考実験がさらに続き，結果的に深い理解へと達する，永続的な学習へ導くというものです。デューイはこの思考法を「反省的思考（Reflective Thinking）」と呼び，「いかなる信念，いかなる知識の想定形式であっても，それを裏づける根拠や自ずと導かれる結論に照らして能動的，持続的，慎重に検討すること」と要約しています。

「反省的」という用語は，のちに彼以外の書き手によって最終的に「クリティカル」という用語に置き換えられることになりますが，皆さんが本書を通して知ることになるクリティカル・シンキングの定義の数々を初めて提示したのがまさにデューイだったのです。デューイ以降，このテーマに関する研究はすべて，『思考の方法』で最初に提示された彼の「反省的思考」という理念を論じる場と言っても差し支えないでしょう。

教育や人間の発達と行動に関する理解の深まり

デューイは自身の理念を，シカゴ大学の実験校[*1]で実践しました（彼の信念体系に沿った表現を使えば「試験にかけました」）。この学校は彼の資金援助によって開設され，K-12と呼ばれる小中高一貫の無償教育として今も存続しています。

モンテッソーリやヴァルドルフ（シュタイナー）学校と同様，デューイの実験室学校をはじめとするK-12機関は進歩主義教育の実践を主な目的として設立され，当時の公的教育の工場式教育モデルを置き換えることはなかったものの，20世紀を通じて公的教育に大きな影響を及ぼしました。この時代，世界各国の公的教育制度は増加の一途をたどっていた児童生徒に対応すべく拡充され，子どもたちの育つ環境の多様化もいっそう進みました。デューイの理念は次世紀の教育者に浸透し，『思考の方法』で示された「反省的思考」を含む概念もまた受け継がれてきました。それは，現代のクリティカル・シンキングの定義や方法論に影響を与えたさまざまな学術分野からの知見によって補完されつつ，発展していきます。

そのような研究の一端が，やはり教育学の研究者から発表さ

---

*1　教育革新のために新たな教育理論や方法を実験するためにつくられた学校。

れています。その一人が，エドワード・グレーザーです。彼は，コロンビア大学ティーチャーズ・カレッジに1941年に提出した博士論文「クリティカル・シンキング開発における一実験」で，クリティカル・シンキングに多面的な定義を最初に与えました。グレーザーの定義は三つの要素から成り立っています。それは「(1)自分の経験の範囲にある問題やテーマを慎重に検討する姿勢，(2)論理的な問いの立て方と推理法を知っていること，(3)以上の方法論を応用するいくつかの能力」です。同年，グレーザーはティーチャーズ・カレッジ教授グッドウィン・ワトソンとともに，「ワトソン－グレーザー クリティカル・シンキングテスト」を発表しました。このワトソン－グレーザー クリティカル・シンキングテストは，複雑な人間の心理状態の評価法確立を目指したワトソンの初期研究に基づいたもので，現在もワトソン－グレーザー クリティカル・シンキング評価テストとして存続しています。

私たちの思考の成り立ちに科学原理を適用して考案されたもう一つのツールが，1956年に発表された**ブルームの分類法**です。これは複雑な人間精神をレベルごとに階層化して分類し，教育目標を設定したものになります。もともとアメリカ国内の高等教育機関で働く教師が戦後，急拡大した教育内容への対応を迫られた際，彼らを支援するツールとして考案された分類法です。ブルームの分類法は学年の違いやアメリカの国内外を問わず，広く用いられるようになりました。

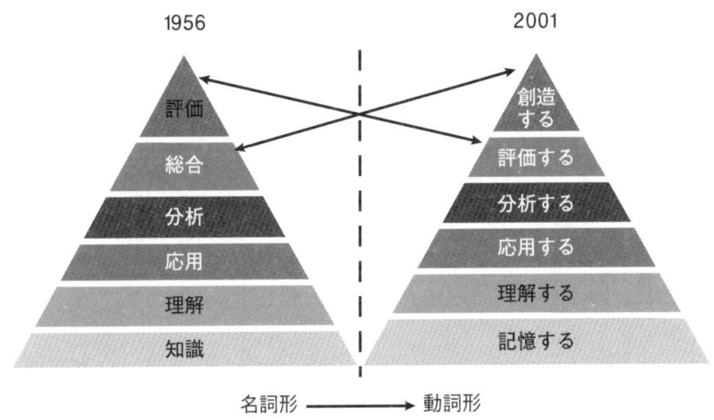

図1 レスリー・オーウェン・ウィルソン創設のウェブサイト「The Second Principle」(2001) より転載。https://thesecondprinciple.com/teaching-essentials/beyond-bloom-cognitive-taxonomy-revised/

図1に示すように，もともとのブルームの分類法は階層の最底辺にある「知識」から始まり，「理解」「応用」「分析」「統合」「評価」の順に階層が上がります。これは2001年に改訂され（同上右），「創造」（図では動詞形の「創造する」）が階層の頂点に置かれました。ほかに人間の発達と学習の成り立ち，情報処理の方法に関する新しい考え方を反映させた追加や修正も加えられています。

デューイが唱えた「人間の心は空白の石版」モデルが20世紀初めにすでにほころび始めていたとすれば，それが完全に崩壊したのは20世紀半ば頃です。ちょうど心理学者が，私たちの脳の発達とその機能について新たな光を当てていた時期と重なります。

発達心理学の例を挙げれば，スイスのジャン・ピアジェのような研究者たちがいます。彼らは子どもの長期的研究を通じて，人間の身体的，感情的，精神的発達はそれぞれ異なる段階で起こることを発見しました。そして，青少年の精神的発達の適切な段階で，個別の能力を育成すれば大いに効果があるという点を強調しています。

外科技術や医療技術が進歩した20世紀は，クリティカルであるかどうかに関係なく，あらゆる思考の背後にある臓器の働きに直接アクセスが可能になった時代でもあります。すなわち，ヒトの脳です。たとえば，外科医が重度の脳損傷を受けた患者を救えるようになったことで，特定の脳領域が受けもつ機能を捉えることが可能になりました。科学者はこの恩恵に預かって，単独もしくは複数の脳領域の働きが失われた人の行動や能力を研究できるようになったのです。同様に，患者をさらに長く，さらに安全な状態に保つこともできるようになったため，医師は患者を手術台に乗せたまま脳の活動を監視できるようにもなりました。

ここ数十年で，侵襲性の低い磁気共鳴画像（MRI）や脳波図（EEG）による解析技術が発展し，研究者は仕事を処理中の脳の物理的・電気的活動を「見る」ことができるようになりました。そして解析技術の発展は発達心理学と同じく，脳科学という新しい分野においても，記憶の符号化や取り出しにかかわる物理的処理のような重要な知見をもたらしています。今後は脳科学のような新しい分野が，「私たちの思考はどのように行われているか」を理解するうえで不可欠な役割を果たしてくれるのかもしれません。

また脳機能研究は，私たちの脳の働き方に基づく教授法の開発にも役立っています。たとえばデューイは，生徒[*2]がすでに理解している情報や着想から学習内容や方法を組み立てると目覚ましい効果があると認めましたが，記憶形成に関する研究からも，事前学習の効果は立証されています。

イスラエルの心理学者ダニエル・カーネマンとエイモス・トベルスキーは，人間の心の機能の解明にさらなる貴重な知見を与えてくれた先駆者です。二人は1960年代から1970年代にかけて，理性の有効性と安定性そのものに疑問を投げかけるという画期的研究を行いました。

アリストテレスの時代以降，人間と動物との違いは理性が備わっているかどうかだという考えが一般的でした。たとえば，人間の不合理な行動は感情や原始的な動物的本能が理性を圧倒するためだということだと考えられました。しかしカーネマンとトヴェルスキーが一連の興味をそそる実験を通して証明したように，人間の理性にはいくつかの重大な欠陥があります。

結論をいえば，人間の心はどんな状況においても理性の力を

---

*2 小学生から高校生までを「生徒」とし，大学生以上を「学生」とする。

感覚器官から入る情報の流れを
効率よく管理し,
手っ取り早く得た情報を理解し,
それに基づいて意思決定を行う。
つまり「近道的な」理解を
たどっているにすぎません。

すべて投入しているわけではありません。感覚器官から入る情報の流れを効率よく管理し，手っ取り早く得た情報を理解し，それに基づいて意思決定を行う。つまり「近道的な」理解をたどっているにすぎません。このような近道は**ヒューリスティックス（経験則，または発見的手法）**と呼ばれ，おそらくは自然淘汰で獲得した能力です。茂みのガサゴソとこすれる音を聞けば，確証もないのに近くに捕食者がいるものと信じる原始人と，状況をさらに調べてから逃げるべきかとどまるべきか判断しようと考える原始人がいたとします。この場合，さっさと逃げた原始人のほうが生物進化上，有利に働いたはずです。

しかし，この同じヒューリスティックスは，理性がミスをする原因となるバイアス（思考の偏り）をも生み出します。カーネマンも自身のベストセラーとなった著書『ファスト＆スロー』（2011年，邦訳：2012年，早川書房）で説明していますが，そのようなバイアスの一つは**アンカリング効果**と呼ばれています。

以下，『ファスト＆スロー』の一節を引用します。

> ある未知の数値を見積もる前に何らかの特定の数値を示されると，この（アンカリング）効果が起きる。……「ガンディーは亡くなったとき114歳以上だったか」と質問されたら，「ガンディーは亡くなったとき35歳以上だったか」と聞かれたときよりも，あなたははるかに高い年齢を

答えることになるだろう。家を購入するときも，最初の提示価格に影響される。同じ住宅でも，提示価格が低いときより高いときのほうが，立派な家に見えてしまう。相手の言い値には惑わされないぞと心に決めていても無駄だ。……何らかの推定や見積もりをするときに，可能な選択肢として提示された数字は，すべてアンカリング効果をもつことになる。

ほかの例では，「利用可能性ヒューリスティック」があります。私たちは，心に思い浮かびやすい比較に基づいた選択に偏りがちです。たとえば，だれかが進学先の大学を選ぶとします。その人はかなり早い段階で詳細に検討した大学の内容を参考にするのではなく，つい最近聞いた友人の話に影響されて大学を選ぶような場合です。また，ある感情の状態，多くはそのときの経験と無関係な感情の起伏と関連づけられる「感情ヒューリスティック」もあります。これは最近，何か楽しい経験や悲しい経験をしたから宝くじを買う気になった，というような場合が当てはまります。当日の宝くじの当選確率や落選確率は関係がないのです。

このような経験則に由来する偏りは精神的な目の錯覚と言えそうですが，クリティカル・シンキングの観点で見れば，たわいのない話では済まされません。最もわかりやすい例が，**確証バイアス**です。これは既存の信念に沿う情報は受け入れるが，その信念に反する情報は拒絶するという思考の偏りです。現在，地球規模で蔓延する多くの不合理な行動や，アメリカ第一主義に見られる排外主義の主な要因もこの確証バイアスにある，と言っても過言ではありません。

偏見が存在する以上，クリティカル・シンキングを身につけるためには，論理学のような思考ツールの理解に終始するのではなく，それを活用した思考能力を高めなければなりません。また，私たちの思考は偏見に影響されやすいことを理解し，その欠点を十分考慮したうえで，それをコントロールできるよう訓練しておくことが求められているのです。

今は転換点？

高等教育におけるクリティカル・シンキング能力指導の「ビッグバン」は，1983年にやってきました。カリフォルニアの州立大学機構が全学生に対し，卒業までにクリティカル・シンキングの課程を修了することを課したのです。その課程の目的は，学生が「言語と論理の関連を理解し，考えに対する分析，批判，支持，そして**帰納的**（きのうてき）・**演繹的**（えんえきてき）な推論ができて，知識や信念の明確な記述から導いた正しい推論に基づき，事実や判断による結論に達する」能力を習得できるようサポートすることです。この必修課程には，質の高いクリティカル・シンキング能力の構成要素だけでなく，それは確実に教えられる能力だという前提に満ちていました。

州立大学機構の発議者のなかには，「クリティカル・シンキングムーブメント」をゆるやかに形成するさまざまな当事者も含まれていました。彼らは新しい取り組みが他州の大学にも同様の卒業条件を設けるきっかけになればと望みをかけていましたが，実際はカリフォルニア州に追随する州はほとんど皆無でした。それでも，高等教育にクリティカル・シンキングを教える課程の導入がアメリカ全土に広がるきっかけにはなりました。こうしてクリティカル・シンキングのカリキュラムが全米に広がった1980年代以降，クリティカル・シンキング教育の実験の場が何百と生まれ，同時に，クリティカル・シンキングの研究も右肩上がりに増加していきました。

1983年，ロナルド・レーガン政権の全米教育向上委員会が発表した「危機に立つ国家(A Nation at Risk)」は，非常に影響力が大きい報告書でした。この報告書は，アメリカの教育制度が他国の教育制度に比べて遅れをとっているために，特にアメリカ国内の経済と軍事安全保障が危険にさらされていると述べています。委員会の報告を受けて，学校には厳格な学力基準と，生徒の学習の定期評価を中心とした説明責任が課され，公的教育の底上げが国の新しい優先課題になったのです。

「危機に立つ国家」に端を発し，政策イニシアティブはジョージ・W・ブッシュの「落ちこぼれ防止法（No Child Left Behind Act）」からバラク・オバマの「頂点へのレース（Race to the Top）」政策へと受け継がれました。本章で取り上げたトピックの多くと同様，この一連の政策イニシアティブや，標準テストへの過度な信頼をめぐる論争すべてを網羅するのは，本書の範疇（はんちゅう）を超えています。しかし，「危機に立つ国家」から始まった「達成の時代（Age of Achievement，教育史家パトリシア・グラハムの用語）」がその後数十年の教育政策の目標を決定づけました。このように，クリティカル・シンキングをはじめ，コミュニケーションや協調性など「21世紀型スキル」の議論は主要な政策課題として，「全米共通学習基準（コモン・コア）」のような教科ごとの到達基準の策定に役立てられています。

以上，本章で述べてきた教育改革の多くを支えているのは，世界各地の教育政策に関する議論と一致する動きです。それは従来の産業型経済から，知識集約型経済へと移行しつつある流れです。知識集約型経済では無加工の情報を吸収してオウム返しする能力より，論理的思考に長け，説得力あるコミュニケーションができ，協調して仕事ができるスキルが最も重要視されます。情報を手に入れるだけなら，マウスをクリックしたりスマートフォンをスワイプしたりすれば済みます。しかし，その情報は加工されていません。多様化する「情報化」社会に生きる現代人が手に入れた知識を本当の意味で活かすには，自分の得た知識についてさらに明瞭に，さらにクリティカルに思考する必要があるのです。

置き去りにされた科目

1892年，ハーバード大学学長チャールズ・エリオット率いる**10人委員会**と呼ばれた教育者の集まりは，小学校から高校まで，標準化カリキュラムを勧告しました。これは読み書きをはじめとする，数学，理科（物理学や化学のように，さらに細かく枝分かれしていきます）などの教科に基づいて組まれたカリキュラムであり，現在もなおアメリカをはじめ世界各国のK-12教育を形づくっています。このカリキュラムではルネサンス期以降に生まれた広大な知識分野，特に科学知識を扱う多くの新しい科目を教室に取り入れたものの，弁証法（論理学）や修辞学など，過去の教育モデルの屋台骨だった科目は置き去りにされました。

とはいえ，弁証法のような科目がカリキュラムから完全に追放されたわけではありません。高等教育機関のほとんどではないにせよ，現在もなお論理学が多くの専門課程で教えられていますし，コンピュータープログラミングをアリストテレス本来の論理学体系の継承者と定義するならば，アリストテレス流論理学の応用はこれまで以上に多くの学生によって研究されていることになります。

そうはいってもクリティカル・シンキングを行うには，本章で紹介した知性史や教育史の出来事と進歩に触発された数々の理念を理解する必要があります。クリティカル・シンキングは，そうした体系的知識のうえに成り立つスキルでもあるからです。クリティカル・シンキングを形づくるこのような事がらに習熟してからでなければ，せっかくクリティカル・シンキングを用いても十分な情報に基づく決定ができず，まさしく宝のもち腐れとなるおそれがあります。またクリティカルに物事を考えるようになるには，ふだんからクリティカル・シンキングの道を歩むことが求められます。それは，疑念を払拭するために手っ取り早い近道を見つけ，言われたことはすべて鵜呑みにして結果的に失敗するのとは，正反対の道です。

クリティカルに考えるために必要な知識，能力，心構えには何が挙げられるのか？　これに関する議論は継続中ですが，クリティカル・シンキングを研究し，それを教える人の間では，少なくとも必要な知識とそうではない知識に関して意見は一致しています。次の章は，このテーマについて考えてみます。

第2章

クリティカル・シンキングの組み立て方

ここまでの話で，クリティカル・シンキングという概念の起源については理解が進んだでしょうか。今度はクリティカル・シンカーになるためにはどんな知識が必要で，どんなことができればよいのかを見ていきましょう。

クリティカル・シンキングの先行研究文献を調べたり，単純にGoogleで検索したりすれば，クリティカル・シンカーがもつべき知識や能力，「**個人の特性**」を説明する図解や分類，図表がいくつも見つかります。そこに書かれた内容は重複したり相反したりしているかもしれませんが，それらをじっくり吟味するとクリティカル・シンキングの構成要素について，つまるところほぼ意見が一致していると考えられる部分があるのです。

本章ではこうした意見の一致が見られる要素，たとえば言葉をうまく組み合わせて論理的に思考する力や，議論の進め方などを考察していきます。同様に創造性や「個人の特性」など，その他の能力と要素の説明も書き加えておきます。特にこの創造性と「個人の特性」は，ますます多くの研究者や教育者がクリティカル・シンキングに不可欠だと考えるようになった要因でもあります。

思考の組み立て方

ここで，「論理」という言葉ではなく「思考の組み立て（思考の構造化）」という表現を選んだのは，次の点を強調するためです。まず，思考を構造化するさまざまな方法論が存在すること，そしてクリティカル・シンキングにはどの方法を選ぶかではなく，体系的手法にのっとって思考する訓練のほうが大事だということです。しかしクリティカル・シンカーにとって，論理的思考なくしてクリティカル・シンキングは成り立ちません。以下，思考を組み立てる方法を順に説明していきますが，いずれも論理学という土台の上に立てられており，達成すべき目標も同じです。その目標とは，以下の通りです。

・自分，あるいは他者が何を考え，何を伝えているかを明確にすること

・自分が信じていることや，他者に信じてもらいたいことの背後にある理由をはっきり示すこと

・ある考えを支持する根拠が正当かどうか，その判断を見極め

る能力があること

論理形式における定義と特徴

具体的説明に入る前に，まず，論理的思考の方法論は大まかに二つの体系に分類される傾向があることを覚えておきましょう。一つ目は「**形式的な論理**」です。これは論証の語句ではなく，論証が「形式的に見て正しいかどうか」に重点を置く方法論です。「形式的な論理」にはいろいろな種類がありますが，いずれも主張や理念が記号的表現に的確に置き換えられたもので，非常に有用な方法であることが証明されています（論理学者かコンピュータープログラマーをつかまえて聞いてみれば，それはすぐにわかるでしょう）。もう一つは「**形式的ではない論理**」です。こちらは「形式的な論理」とは対照的に，論証の形式面だけでなく，そこに含まれる語句の意味も取り上げて，日常的なコミュニケーションに論理原則をどう適用するかを考察します。

「形式的な論理」には過去200年の間に考案された多くの体系的思考が含まれています。その時代の問題や古くからある問題に新しい考え方を取り入れた形で提供してはいますが，クリティカル・シンキングを学生に教える場合に重点が置かれるのは，「形式的ではない論理」のほうです。それが如実に表れているのは，クリティカル・シンキングを教える教育者のアメリカ国内の組織の名称になっている「形式的ではない論理およびクリティカル・シンキング協会(AILACT)」でしょう。

「形式的な論理」も「形式的ではない論理」も，それぞれに共通の用語が使われます。それはたとえば次のような用語です。

論拠(Argument)――結論を支持する根拠を示す一連の記述
前提(Premise)――論証における根拠の記述
結論(Conclusion)――前提が真ならば，真として受け入れなければならない論証中の主張
推論(Inference)――前提から結論へ至るまでの論理的思考のプロセス
論理形式(Logical Form)――論証を構成する語句とは別の記号化が可能な論証の形式
妥当性(Validity)――ここでは，「前提が真のときに結論は偽であることを不可能」とする論証の特性
健全性(Soundness)――前提が真，そして論理形式も「妥当な論証」のもつ特性

このような定義を用いて論証を行うわけですが，その推論法は二通りに区別されます。すなわち演繹的推論と帰納的推論です。演繹法による推論は「自己完結型」の思考法であり，結論が正しいかどうかを判断するために必要なすべての要素が論証の前提と形式に備わっています。この場合，**「妥当な論証」**とは，前提条件を真と受け入れればその結論もまた真であると受け入

れなくてはならない論証を指します。また，演繹的な「妥当な論証」の前提が現実に即して正しいと証明されれば，それは「健全性のある」証となります。

帰納法による推論の場合，前提を真として受け入れれば結論も必ず真ということにはならず，その可能性を示すにすぎません。性質上，全か無か，妥当性があるのかないのかの二者択一を迫る演繹法とは対照的に，帰納法では論証の長所も短所も判断のよりどころになり得ます。たとえば導かれる結論が真である場合，それが現実にもありそうなことで，受け入れ可能なことなのか。あるいは論証の前提は正当で必要十分と言えるか。それによって判断は変わってきます。

また帰納法は性質上，前提を真として受け入れても結論が偽となる反証が常に見つかるため，「妥当な論証」とはなりません。このため，演繹法のほうが帰納法よりも優れていると思われるかもしれません。それでも私たちが日常生活で遭遇する議論は，ほとんどがそうだとは言い切れませんが，多くの場合は演繹的ではなく帰納的です。たとえば今後の方針を決定するときに交わされる議論（税制の変更とか，あるブランドの食器洗い機を別ブランド製品に買い換えるとか）はほとんどの場合，まだ起きていないことを説明する前提条件や結論が含まれるため，その論証から導かれた決定が下された後にならなければ，結論が真であるかどうかを証明することはできません。

人間の長い歴史においては，このようなタイプの推論が用いられてきましたが，その最たる成功例が科学です。その科学ですら，往々にして帰納的推論に依拠しています。たとえば「明日の朝，太陽が昇る」という主張は，過去の記録に照らして太陽が毎朝昇ってきたことを前提にしても，確実性というよりはむしろ高い蓋然性（がいぜんせい）に基づいています。これは，たとえば名探偵の推理にも当てはまります。探偵が入手できる証拠から得られる結論を「演繹」したとしても，ほとんどの場合，観察結果の説明として**最も妥当性がある**と判断するときに用いるのは，帰納的推論のほうなのです。

以上，述べてきた定義と論証法の区別を念頭に置いて，論理的な思考法の例を見ていきましょう。それはすべて，アリストテレスによって生み出された論理体系から始まりました。

アリストテレスの三段論法

第１章で述べたように，アリストテレスは広く普及した論理学体系を最初に考案した人と言われており，彼の方法論は何世紀にもわたってこのテーマを教える基礎となりました。

アリストテレスの方法論の土台は**三段論法（シロジズム）**で，名前の通り三つ（四つ以上にはなりません）の記述で構成された論証法です。二つの前提（大前提と小前提。真として受け入れるよう求めているもの）と結論（その前提を真であると受け入れた場合，真であると考えなくてはならない記述）から成り立っています。

三段論法では，二つの前提および結論は，以下に示す形式で書くことが決められています。

すべてPのものはQのものである（A型の記述）
Pのものでないものは Qのものである（E型の記述）
Pの一部はQのものである（I型の記述）
Pの一部はQのものではない（O型の記述）

シンプルな三段論法の例：

大前提（前提1）：すべての犬は「動物」である
小前提（前提2）：すべての**コリー**は犬である
結論：ゆえに，すべての**コリー**は「動物」である

注目すべきは，大前提（最初の記述），小前提（二番目の記述），結論（最後の記述）という特定の形式で書かれていることです。大前提には，大概念（かぎかっこで囲まれた語句）が含まれます。これは一つの前提に一つ含まれ，結論の述語となる概念です。小前提には，小概念（太字で示した語句）が含まれます。大概念と同様，一つの前提に一つありますが，こちらは結論の主語になります。対して中項（下線つき語句）は二つの前提に登場し，結論には表れない概念になります。

上の例では，前提も結論もともにA型（「すべてPのものは

Qのものである」という形式）になっています。前提は二つともアリストテレスの論理学体系に基づいて適切な形式で書かれ，正しく配置された大概念と小概念と中項をもち，Ａ型の記述（AAA型三段論法と呼ばれます）だけで書かれています。この場合，論証は確かで妥当性があります。つまり二つの前提を真として受け入れるならば，必然的に結論も真です。

それではコリー犬の例が正しいかどうか，実際に試してみましょう。大小二つの前提（「すべての犬は動物である」と「すべてのコリーは犬である」）は真だが，「すべてのコリーは動物である」という結論を否定する方法はあるでしょうか？　二つの前提を受け入れつつ，結論を否定できるような反証を思いつくでしょうか？　上の例ではできません。したがって，上記の三段論法の背後にある論理は根拠が確かで妥当性があり，どこにもほころびがないと言えます。

三段論法の記述形式にはＡ，Ｅ，Ｉ，Ｏ型があり，それぞれの命題パターンすべてを正しい形式で組み合わせれば256通りの三段論法が可能ですが，妥当性のある結論が得られるのは24通りだけです。このことが示すのは，単にコリー犬のAAA型三段論法には妥当性がある，ということだけではありません。大概念，小概念，中項が正しく構成されたAAA型記述文ならばどれも妥当なのです。このように妥当性がある論拠によって述べられた二つの前提が現実に即してもやはり正しければ，それは「妥当性と健全性がある」と言える論証です。

三段論法式推論法は，「妥当な論証」と「無効な論証」を，いわば機械的に区別するやり方です。現に何世紀もの間，論理学を学ぶ人間はどのタイプの三段論法が妥当性のある結論を導くかを記憶するため，あらゆる種類の歌や詩，暗記法を叩き込まれてきました。このため論理的分析は，話し言葉や書き言葉による論拠を正しく配置した三段論法の三つの記述に落とし込み，それが24通りの有効な論法のどれに当てはまるかを判断する流れ作業と化していました。

アリストテレスの三段論法は人間の知的能力を大きく引き上げた画期的前進ではありましたが，二つ以上の前提をもつ推論を解決することはできません。時代が進み，命題論理のような論理形式が開発されると，そのような多数の前提をもつ場合も「妥当な論証」が可能になりました。

その他の論理形式

三段論法以外にも，妥当性のある論理形式として頻繁に用いられる形式があります。「モーダスポネンス」と「モーダストレンス」の二つです。モーダスポネンスは，「前件肯定，肯定によって肯定する論証形式」であり，モーダストレンスは，「後件否定，否定によって肯定する論証形式」です。

モーダスポネンス式論証は，一般に次に示す記述方式を用います。

前提１：もしＰならば，Ｑである **前提２**：Ｐである **結論**：したがって，Ｑである

モーダスポネンス式論証の場合，前提1で一般的条件が定められ，前提2でこの条件が満たされるかどうかを確認します。

モーダスポネンス式論証を実際の生活場面に当てはめると，次のようになります。

前提１：もし雨が降っていれば，球技は中止される **前提２**：雨が降っている **結論**：だから，球技は中止される

ここで，論理学の教授たちにはよく知られた，少なくとも起源は14世紀にあると言われるオーソドックスな三段論法と対比してみましょう。

前提１：すべての人間は死ぬ **前提２**：ソクラテスは人間である **結論**：だから，ソクラテスは死ぬ

これをモーダスポネンス式に書き換えると，次のようになります。

前提1：ソクラテスが人間ならば，ソクラテスは死ぬ
前提2：ソクラテスは人間である
結論：だから，ソクラテスは死ぬ

これもまた演繹的な「妥当な論証」であり，前提を真として受け入れれば，結論も真として受け入れなければなりません。そしてあらゆる「妥当な論証」と同じく，論拠となる前提が現実的に正しければ，その論証は健全性があると言えます。

妥当性のある論理形式のもう一つの例がモーダストレンスで，それは次のような記述式になります。

前提1：もしＰならば，Ｑである
前提2：Ｑではない
結論：したがって，Ｐではない

モーダストレンス式論証の例：
前提1：もしエリカが大学を卒業していたら，卒業証書を持っているはずである
前提2：エリカは卒業証書を持っていない
結論：だから，エリカは大学を卒業しなかった

先のモーダスポネンスの例と同じく，このモーダストレンスもまた「妥当な論証」です。しかしたとえば，大学を卒業した

かどうかを卒業証書のあるなしで決めつけるのかと異を唱えることは可能です。もしエリカが卒業証書を紛失していたとしたら，それで大学の卒業まで否定されるわけではないという指摘ができるからです。とはいえ，この反論が問題にしているのは前提の一つ（前提１）が真かどうかであり，前提を結論に結びつける推論（前提２）のほうではありません。もし卒業証書の所持が大学卒業を証明する必須条件ではないことが立証できれば，「この論証には妥当性はあるが，健全性があるとは言えない」ということになります(前提の一つが誤りのため)。

現実世界での応用例

ここまで見てきたのは，論理やクリティカル・シンキングの教科書で見かけるような単純な例にすぎません。しかし，現実をありのままではなくクリティカルに考えるには，論理学は欠かせない学問です。日常の何気ない会話でも，一つかそれ以上の論理形式に当てはまる前提と結論とに分解可能な場合は少なくないからです。たとえばあなたがディナーパーティーに参加していて，だれかが次のように切り出したとします。

> 国際的組織は危険だ！　まともな国なら，ただちに国際的組織への資金提供は停止すべきだ。彼らは腐敗し，巨額の税金を無駄遣いし，国家の自己決定権を脅かしているからだ。

この発言に少し手を入れれば，次のような三段論法に置き換えることができます。

前提1：すべてのまともな国は，腐敗し，税金を無駄遣いし，国家の自己決定権を脅かす組織には資金を提供すべきではない
前提2：すべての国際的組織は腐敗し，税金を無駄遣いし，国家の自己決定権を脅かす存在である
結論：すべてのまともな国は，国際的組織には資金を提供すべきではない

またこの論証は，次に示すモーダスポネンス式にも変換できます。

前提1：ある組織は腐敗し，税金を無駄遣いし，国家の自己決定権を脅かすものであるならば，まともな国はその組織に資金を提供すべきではない[もしPならば，Qである]
前提2：国際的組織は腐敗して，税金の無駄遣いであり，国家の自己決定権を脅かすものである[Pである]
結論：まともな国は，国際的組織に資金を提供すべきではない[したがって，Qである]

上記二つの論証例で注意すべきなのは，二つの前提を真とし

て受け入れれば，結論も真として受け入れる必要があり，結果として論証は妥当性があるという点です。しかし，どちらの論証も正しくはありません。それはどちらの論証にも，「すべての国際的組織は腐敗し，巨額の税金を無駄遣いし，国家の自己決定権を脅かす」存在を示唆する前提が含まれているからです。この主張の誤りはたやすく指摘できます。国際的組織を否定する三つの特徴のどれかが当てはまらない例を一つ提示するだけでよいのです。そのため，ディナーパーティーの席で国際的組織を非難する主張は，「論証の形式としては妥当性はあるが，論拠が薄弱で健全性があるとは言えない」と言えます。

日常的に交わされるさまざまな議論も，思考の流れを構造化した形式に変換すれば，その主張の背後に隠れていた推論が表れ，結論を導く推論が信じるに足るだけのものかどうかが判断できるようになります。ディナーパーティーでの発言の分析を見ればおわかりのように，二つの前提の一つが誤りであるため，この主張にはほとんど根拠がないことが明らかです。そして根拠に含まれている語句を同じように分析すれば，そこから主張のよしあしを見極めることもできます。

その分析を行うのが，「形式的ではない論理」の方法論です。「形式的ではない論理」では前提と結論を日常的に使用している言葉で記述できるため，日常の場面に論理的思考を柔軟に適用することができます。クリティカル・シンキングを教える現場で，「形式的ではない論理」が重要視される理由はそこにあります。たとえば上記のディナーパーティーの発言に対して，だれかがこう言ったとします。

なんてバカバカしい！　私は国際的組織で働いているが，各国政府から提供された資金はすべて市民の支援に振り向けられており，賄賂でもなんでもない。私たちのような組織に寄付されたお金で世界中の善意が買われている。国際的組織は，資金提供している国にとって有害ではなく，むしろその国にとって有益だ。

こちらの反論は，次のような論証として構成できます。

前提1：私の働く国際的組織は，持っているお金をすべて人々の支援目的に使う
前提2：持っているお金をすべて人々の支援目的で使う組織は，腐敗していない
前提3：私の働く国際的組織に各国からお金が提供され，資金提供した国々の善意は活かされる
前提4：資金提供国の善意の買い手である組織にかかわることは，その国にとって有益だ
結論：国際的組織に資金を提供するのは，資金提供国にとって有害ではなく有益である

四つの前提と結論は，いずれも理解しやすい言葉で記述されています。形式的な厳格さはあまり求められないとはいえ，「形式的な論理」の三段論法と同じく，ここでも次のように自問自答することで論証の形式面の妥当性が検証できます。「もしすべての前提を真として受け入れるのなら，結論もまた真として受け入れなければならないか？」。ここでも，前提は受け入れるが結論を否定する方法は簡単に思いつきます。「ある国際的組織にとってはすべての前提が真実であっても，そんな殊勝な組織ばかりとは限らない」と返してやればよいのです。

この場合，もとの主張に暗示されてはいるものの，明確に記述されていない前提を加えれば，明らかに妥当性がある主張になります。

前提1：私の働く国際的組織は，持っているお金をすべて人々の支援目的に使う

前提2：持っているお金をすべて人々の支援目的で使う組織は，腐敗していない

前提3：私の働く国際的組織に各国からお金が提供され，資金提供した国々の善意が活かされる

前提4：資金提供国の善意の買い手である組織にかかわることは，その国にとって有益だ

前提5【隠れた前提】：すべての国際的組織は，私の働く組織とまったく同じである

結論：国際的組織に資金を提供するのは，資金提供国にとって有害ではなく有益である

アリストテレスは，隠れた前提を**省略三段論法**(**エンテュメーマ**)と呼びました。このような隠れた前提を引き出すことは，論証分析で最も有効な手段の一つです。それは，主張でいちばん重要な論点が隠れた前提として示唆されている場合がよくあるからです。たとえば中絶は外科手術か殺人かで意見が割れた場合，その多くが「胎児は人間と言えるかどうか」という隠れた前提をもっています。

先の例に戻れば，隠れた前提を追加したことで論証は妥当性があることになり，すべての前提を真として受け入れるのならば，結論も真として受け入れる必要があります。しかし健全性のある論証であるためには，「妥当な論証」のすべての前提が現実に即して正しいか，少なくとも常識的に見ておかしくないと納得させることが必要です。

上記の国際的組織擁護派の反論には，前提に個人的経験が含まれていて，その主張に反論するのは実態調査をしてからでないと難しいかもしれません。しかしもとは隠されていた5番目の前提に異議を唱えるには，腐敗した国際的組織の例を一つ見つけるだけでその新前提は簡単に覆るでしょう。演繹的論証ならば，前提の一つが覆されても論証全体はなおも妥当性がありますが，その論拠は薄弱で正しくありません。

帰納的論証の場合も，論証を組み立てたり評価したりするときに同様の検証方法が使えます。ただし前述したように帰納法では，前提を真として受け入れたとしても，結論も真として受け入れる必要はないのです。たとえば国際的組織の資金調達をめぐる議論で，だれかがこのように言ったとします。

> 国際的組織への資金援助は国民に広く受け入れられており，議会でもこれに反対する議員は多数派ではない。国際的組織の設立後，政府は同様の組織に対する支出を増やし続けてきたし，今年度予算にも国際的組織への支出は含まれている。だから，政府の国際的組織への支出額は昨年よりも今年のほうが多くなるだろう。

これは，以下の四つの前提からなる論証に変換することができるでしょう。

前提1：国際的組織の設立後，政府は同様の組織に対する支出を増やし続けてきた
前提2：今年度予算には国際的組織への支出増が含まれる
前提3：国際的組織への支出増に反対する議員は少ない
前提4：国際的組織への支出は，国民に広く支持されている
結論：政府の国際的組織への支出額は昨年よりも今年のほうが多くなるだろう

この場合も，前提を真として受け入れても結論は誤りだと異を唱える方法はあります。そのような反証として考えられるのは，議会多数派と国民の支持にもかかわらず，支援に反対する少数派が国際的組織への支出を増やす法案を阻止するというシナリオです。これで論証の根拠は弱くなりますが，帰納的論証の場合，複数の前提が真であっても導かれる結論は絶対的真ではなく，その可能性があるかどうかにすぎません。前提が真ならば結論も真である可能性は極めて高く，そのため前提から結論に至る推論の根拠も強いと言えそうですが，一つまたはそれ以上の前提で誤りが認められた場合は演繹法と同じく，論証の根拠全体は弱くなります。

誤謬

誤った論証は多くの場合「破綻している」か，それに類似した欠陥があります。論証が全体として妥当ではないこと，つまり間違っていることは「**誤謬**」と呼ばれ，頻繁に見受けられる欠陥です。クリティカル・シンキングを教える大学の課程の多くではかなりの時間を使って注意を払い，日常的に交わされる議論に潜む誤った推論を見抜く方法を学生に教えています。

論証の欠陥は，構造面に起因する場合があります。たとえばトルストイの『戦争と平和』をパロディ化したウディ・アレン製作・主演のコメディ映画『ウディ・アレンの愛と死』(1975年)。彼はこの映画のなかで，ソクラテスの三段論法をこのように変形させています。

前提１：すべての人間は死ぬ
前提２：ソクラテスは人間である
結論：だから，すべての人間はソクラテスである

これは，論証形式が正確に用いられていないため正しくありません。正しい形式に書き直すと，大前提（かぎかっこつき語句）・小前提（太字語句）・中項（下線つき語句）は次のようになるはずです。

前提１：すべての人間は「死ぬ」
前提２：**ソクラテス**は人間である
結論：だから**ソクラテス**は「死ぬ」

ウディ・アレン式論法で注目すべきは，前提と結論の両方に中項（人間）が出てくる点です。これは「中項不周延（ふしゅうえん）の誤謬」と呼ばれ，この形式をもつ論証はいずれも同じ構造上の問題で覆されて妥当性がないため，論証として成立しません。

また，「前件否定」と呼ばれる誤謬もあります。これは次のような構造をもつ，やはり無効な論証形式です。

前提１：もしＰならば，Ｑである

前提2：Pではない
結論：したがって，Qではない

モーダスポネンス，あるいは先のソクラテス論証の形式をとろうとして無効な論証になることがあります。次は，そのようなときに起こる「前件否定」の誤謬の例です。

前提1：ソクラテスが人間ならば，ソクラテスは死ぬ
前提2：ソクラテスは人間ではない
結論：だから，ソクラテスは死なない

この例でも，「ソクラテスは人間ではないが，やはり死ぬ」と反証をぶつければたやすく覆すことができます。「ソクラテス」はだれかのペットの金魚の名前なのかもしれません。その場合，前提2は真になりますが，導かれる結論は真ではありません。

また「後件肯定」と呼ばれる誤謬もあり，やはり論拠が妥当性をもたない誤謬になります。

前提1：もしPならば，Qである
前提2：Qである
結論：したがって，Pである

論証における「後件肯定」の誤謬は，たとえば次のような記述をもつ論証です。

前提１：トーランスはギャンブルで全財産を失ったら，一文無しになるだろう
前提２：トーランスは一文無しである
結論：だから，トーランスは全財産をギャンブルで失った

ほかの無効な論証と同じく，トーランスがギャンブルで全財産を使い果たさなくても破産した可能性を説明する方法はいくらでもあることを考えれば，二つの前提から上記の結論が導かれないのは明らかです。つまり，前提は真だが結論は真ではないという反証可能な説明が多く存在する誤謬です。

以上，見てきた三つの例のように，論証の構造的欠陥に起因する誤謬は「形式的な誤謬」と呼ばれます。「形式的な論理」と「形式的ではない論理」の相違と同じで，「形式的ではない誤謬」は論証の「構造」ではなく，論証の中身の「語句」の誤りに起因する誤謬です。たとえば「ビザンツ帝国の人ジェスロが武装強盗で逮捕されたから，ビザンツ帝国の人はすべて犯罪者である」などと主張したら，強盗を働いたのはある集団のうちの一人にすぎないのに，あたかも集団全体もそうであるかのような誤った印象を与えるでしょう。これは「合成の誤謬」と呼ばれます。また「形式的ではない誤謬」には，「関連づけの誤謬」

と呼ばれる誤謬もあります。こちらは一般的には連座の誤謬と呼ばれる誤った推論です。たとえば，お隣さんの兄弟の妻が薬物の売人と関係があり，その売人が大きな石を投げつけて店のショーウィンドウを割って捕まったからといってお隣さんまで非難するような人は，この誤りを犯しています。

上の2例はいずれもとるに足りない話のように思えるかもしれませんが，こうした誤った推論ほどたちの悪いものはありません。ごく一部の人間の行為を人種全体への非難にすり替える頑固で偏向した意見の表明，あるいはTwitterのフォロワー（またはフォロワーのフォロワー）一人の行為が原因で著名人が仕事を追われるなど，いずれもここで取り上げてきたような欠陥のある思考法が世界に悪い実例を与えてきています。

言語の複雑さ，そして言語が使用される人と人とのやりとりの多様性を考えると，「形式的ではない誤謬」の表れ方もさまざまです。たとえば理性ではなく恐怖に訴えたり（威力に訴える論証），世間の広い支持に訴えたり（衆人に訴える論証）する場合。あるいは，あまりにも少ない情報から導いた結論に基づいていたり（早急な一般論），「私の予算を通すか，何百万もの人が飢えてしまうかのどちらかだ」のような誤った選択，すなわち誤った二分法を突きつけたりする場合で，これらはすべて間違った主張となります。

また，読者や聞き手の注意を具体的な論点からそらすために使われる「形式的ではない誤謬」も多くあります。たとえば論

誤った推論ほど,
たちの悪いものはありません。

者を攻撃（人格攻撃）したり，相手の反論を過度に単純化してゆがめ，現実の議論を茶化してそれを攻撃（藁人形論法）したりする場合です。このような誤謬には，主張が実際に誤りであるかどうかを判断するのが難しいケースもあります。たとえば，ある主張を述べる論者を攻撃すれば人格攻撃の誤謬ですが，一方で相手の人格攻撃はいつでも不当ということが当てはまらない場合があり得ます（相手が偽証罪で有罪判決を受けていたり，単に常習的な嘘つきだったりした場合）。

書籍やウェブサイトに掲載されている誤謬の一覧は数百項目にも及びますが，そのほとんどは「形式的な誤謬」ではなく「形式的ではない誤謬」になります。これが示すのは論証の構造面だけでなく，それと同じかそれ以上に論証の内容そのものに間違いが含まれている場合があるということです。このためクリティカル・シンキングを学ぶうえで大切なのは，「形式的な論理」と「形式的ではない論理」の両面からアプローチする姿勢になります。

論証の図式化（可視化）

論証の質のよしあしを判定する道具は，言葉だけに限りません。たとえば小学生が算数の「集合」を学習する場合，集合の範囲を視覚的に図式化（可視化）した「ベン図」が用いられます。この「ベン図」は前述した三段論法などの論証をわかりやすく視覚的に理解する際にも使える図です（84ページ図2）。

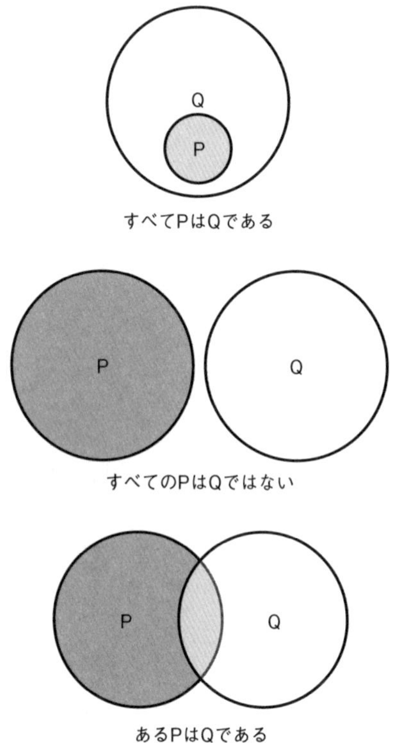

図２

論証によっては，一つの円のなかに組み合わせることもできます。ソクラテスの論証をこの方法で表せば，図3のようになります。

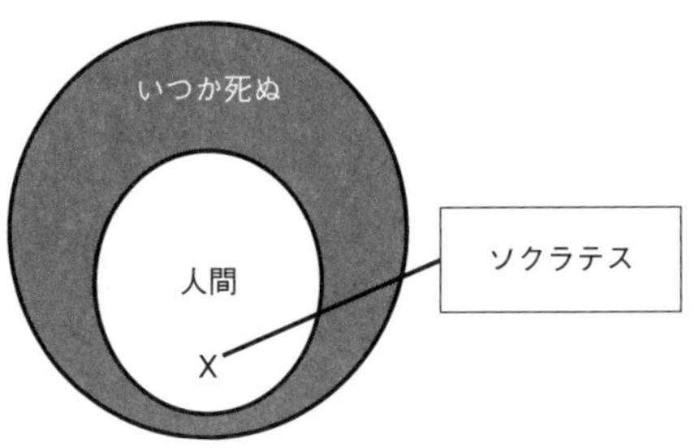

図3

図3は,「人間」は「いつか死ぬ」という集合にソクラテス(X)が完全に含まれています。したがって,「ソクラテスは人間だが,死なない」という論証は成り立たないことが,この図を見ればひと目でわかります。

前述のディナーパーティーの議論の例も,図4のように簡単に表すことができます。

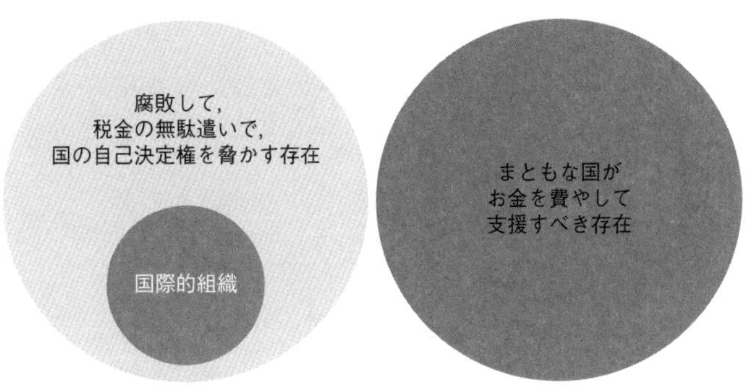

図4

85ページ図4の［左の集合］は，「腐敗して，税金の無駄遣いで，国の自己決定権を脅かす存在」を表し，この大きな集合に，「国際的組織」の集合は完全に含まれています。一方［右の集合］は，「まともな国がお金を費やして支援すべき存在」を表しています。［左の集合］と［右の集合］を見ると，互いに重なり合う部分はありません。国際的組織は「腐敗して，税金の無駄遣いで，国の自己決定権を脅かす存在」だから，「まともな国がお金を費やして支援すべき存在」ではないという論証は，健全性がない主張ながらも，形式的には「妥当な論証」であることが明白です。

論証を視覚的に表現するためによく用いられる方法にはもう一つ，イギリスの哲学者スティーヴン・トゥールミンの開発した「トゥールミン図式」があります。これは前提から結論へ向かう図式ではなく，図5のように，「根拠」が「主張」へ向かう図式で表されます。

「根拠」のボックスから「主張」のボックスに向かう矢印は，根拠が確実にその主張を支持する証拠を提供しなければならないことを示しています。先ほどのディナーパーティーの議論を

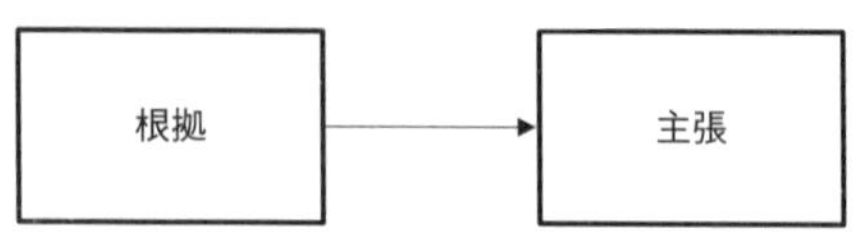

図５

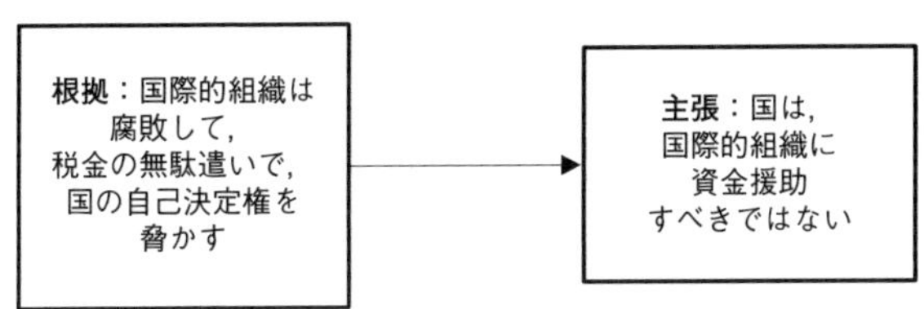

図6

トゥールミン図式で示せば，それは図6のようになるでしょう。

トゥールミン図式の「根拠」と「主張」のつながりは，さらに「理由づけ」と呼ばれる要素で正当性を補強する必要があります。ディナーパーティー議論に「理由づけ」を足した図式にすれば，図7のようになるでしょう。

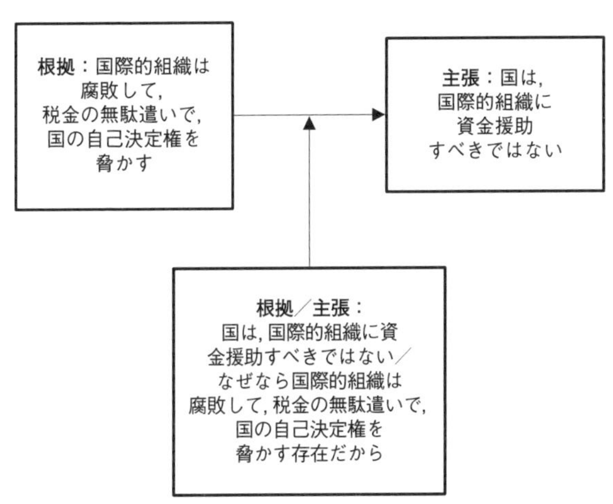

図7

トゥールミン方式による論証の可視化は一見すると，論証構造を言語的に分解する旧来のやり方とさほど変わらないではないかと思われるかもしれません。「根拠」は「前提」を，「主張」は「結論」を，「理由づけ」はその二つを論理的に結びつける推論を言い換えただけではないかと。しかし87ページ図7を見ればわかる通り，トゥールミン方式で論証を可視化する場合，左のボックスから右のボックスに伸びる矢印を支える「理由づけ」というボックスが必要になります。この「理由づけ」によって，前提から結論（根拠から主張）に至る論理的推論を明示することができます。言葉だけを用いた論証では必ずしも明確に見えて

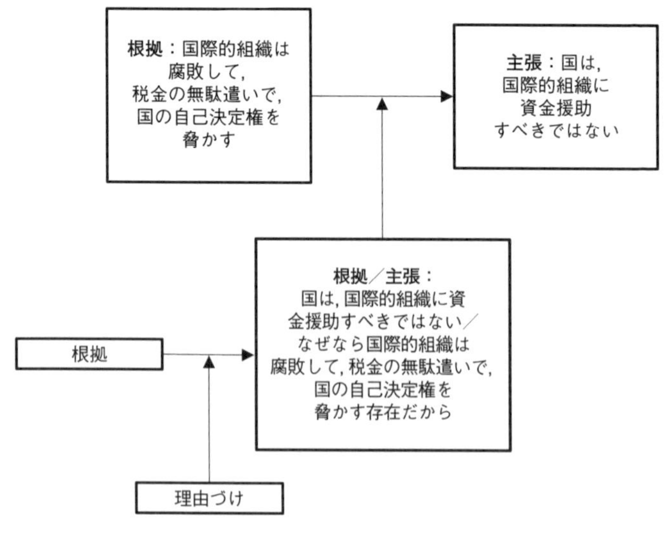

図８

こなかったつながりが，可視化することによってハッキリと示されるのです。

「理由づけ」によって論理的なつながりが明らかになれば，さらに枝分かれさせることで，「理由づけ」が新たに取り組むべき論点，あるいは考察すべき点になってきます。その場合は図8のように，既存の論拠の枝分かれ図の「理由づけ」は，新しい枝分かれ図の「主張」となります。

枝分かれ図ならば推論をいくつも含むことができ，これもまた論証を可視化する長所と言えます。図8のような枝分かれ図を用いて可視化すれば，実生活での会話や議論をさらに深掘りすることができます。可視化することで説得力も増します。

トゥールミン図式よりさらに簡単に論証内容を可視化でき，そのため若い学習者にも人気のある方式として，**論証マップ**（**論証構造図**）があります。これで先のディナーパーティーの例題に対する反論を図解すれば，図9のようになります。

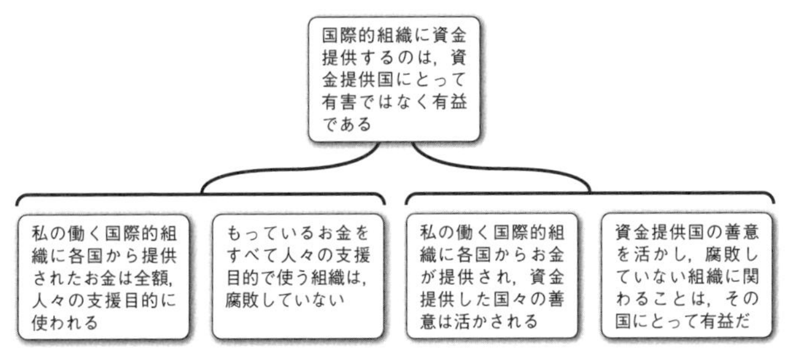

図9

この論証マップでは，上部に図示された結論（大主張とも呼ぶ）は，線でそれぞれ結ばれた二つの推論に支持されています。ただし，ある論証の前提が真のときにその受け入れを求める主張が，必ずしもその論証の結論にはならない点に注意してください。89ページ図9では上方にボックスが一つ，下方に四つのボックスがあります。上のボックスは「大主張」で，下の四つは「共通前提」です。左側の二つは右側の二つとともに，「大主張」を支えています。トゥールミン図式と同じく論証マップも，水平方向と垂直方向の枝分かれ図によって，複雑な論証をわかりやすく図示する方法です。論証マップはやや込み入ったトゥールミン図式と異なり，同一の単純な質問を繰り返して，論証の各部分を検証します。すなわち，「下のボックスの記述は，上のボックスの記述を信じる理由になっているか？」という質問を繰り返すのです。

以上の例は，思考を構造化する際にそれを補ってくれる幅広い選択肢のほんの一部になります。論証の理解と分析に活用できるツールや方法論は多種多様です。クリティカル・シンキングを教えることに興味があり，あるいは自らクリティカル・シンカーになりたいと思えばどの方法論を使ってもよいですし，そこに正解も不正解もありません。アプローチの選択は自由ですし，ご自身で開発しても構いません。私たちに用意されていない選択肢は一つだけ。すなわち，思考の構造化に手をつけずにいることです。

言語能力とクリティカル・シンキングの関係

人間同士の会話は，形式的に構造化された記述の送受信を繰り返す機械ではありません。そのためクリティカル・シンカーが会得しなければならない能力は，人が日常的に用いる言葉を「前提－結論」という論理展開に転化し，それをもとに論理的な分析を行えるようにすることです。

わかりやすい論理展開に「置き換える」

ここでいう**論理展開への「置き換え（変換）」**の例はすでにご覧いただいた通り，国際的組織への資金提供の是非をめぐるディナーパーティー議論です。まず，日常的な会話を一連の前提とそれらが導く結論とに分解します。それ以外の枝葉末節はすべて省いて，日常会話にありがちな曖昧さも排除します。そして論理規則だけが適用可能な，構造化された形式へと置き換えると，より理解度が高まります。

一度，論理的思考のルールを会得すれば，その思考は習慣化する場合がほとんどです。論理的思考が習慣化できれば，クリティカル・シンキングの大半はこの変換作業になります。それは社説や広告，説得力のある議論など，日常的コミュニケーションを明確に構造化された言語形式に置き換える作業です。一般的な意味で翻訳作業も含めた変換作業でも同じだと思いますが，複雑に錯綜するやりとりから論理的エッセンスを抜き出せるようになるには，まずもってその技術を身につけなくてはなりません。しかもそれは，一朝一夕に身につくものでもありません。クリティカル・シンキング流に置き換える能力を習得するには，大量のトレーニングが必要になってくるのです。

こうした論理展開への置き換えは，人間にしかできないことです。機械ではできません。ロシア語で書かれた小説を100％正しい日本語に翻訳する機械がないのと同じです。たとえ論理展開への置き換えが機械のアルゴリズムにできなくても，クリティカル・シンカーが論理展開へ置き換える際に守らなくてはならない「基本原則」があります。

論理展開への置き換えは正確に――論理展開に置き換えるときは，「ミス」が紛れ込む場合があり，それにはいろいろなパターンが考えられます。たとえば相手の主張を意図的に読み違えたり，誤解を与えかねない表現で自分の考えを伝えたりする「故意の誤り」は，のちほど説明する「**好意の原則**」により排除されます。しかし，知らなかったことによる結果として生じた意図しない誤りであっても，主張を取り違えたことには変わりありません。ディナーパーティー議論で使われていた「国際的組織」を「国際的営利企業」と解釈したら，その人は国連や世界最大の国際人権NGOとして知られるアムネスティ・インターナショナルのような非政府多国籍組織，もしくは国際的慈善団体を想定したと考えるならば，ほぼ不都合ではない要素を取り違えてしまうことになるでしょう。

クリティカル・シンキングの大半を
占めるのは，社説や広告，
説得力のある議論など，
日常的コミュニケーションを
明確に構造化された言語形式に
置き換える作業です。

論理展開への置き換えは「簡潔の原則」で――日常的な会話を論理展開に置き換えるときは，いつでも「**簡潔の原則**」を旨としなさいと言っているのではありません。言葉を追加して隠れた前提を明文化し，論証の妥当性を証明することも場合によっては必要となります。先に見た，国際的組織の資金提供に関する論争の例などがそうです。

そうはいっても論証に明確な言葉を用いるのは重要であり，やはり正確さを尊重したシンプルな言い回しを常に目指すべきです。不要な記述を排除するのは，議論を単純化する一つの方法です。たとえば「なんてバカバカしい！」という発言が表しているのは論者の感情であり，それ以外に何の文意もない不要な語句です。同様に，もともとの主張に潜んでいた冗長な言い回し，趣旨を曖昧にさせるおそれのある論点を正確に捉えるには，用いる言葉も必要最小限にとどめなければなりません。

また「簡潔の原則」は，可能な限り少ない前提で主張を的確に伝えようと努力することでもあります。「簡潔の原則」に基づく記述が，いかに論証の妥当性や健全性を検証する方法として適しているかはすでに学んできた通りです。たとえば誤った前提がたった一つあるだけで，演繹的論証は健全性がないと宣告されたり，帰納的論証の論拠が薄弱だと指摘されたりする原因になります。必要最低限の前提にすれば，こうした失敗も減ってくるでしょう。

簡潔さの話のついでに，これと関連する哲学的原理について触れておきましょう。それは「**最善の説明への推論（アブダクション）**」と呼ばれる推論法です。これは，神は存在するのか，あるいは私たち人類は全員，パラレルワールドに住む宇宙人が書いた小説の登場人物なのかなど，明確な答えを得られない未知の事がら（難問）に対して筋道を立てて推測し，論理的に妥当性のある結論を導き出す力のことです。こうした問題は，知覚で認識したり実験を行ったりといった「経験的」手法では解決することはできませんが，視点を変えれば，好ましい選択肢の主張は可能になります。

一般的に「最善の説明への推論」は，「複雑な説明よりも単純な説明」をよしとします。たとえば私たちが「パラレルワールドの宇宙人によって生み出された人物である」という説を受け入れた場合，私たちは二つの宇宙を信じる必要があります。逆にその説を受け入れない場合は単一宇宙，すなわち私たちが知覚している宇宙だけがあると信じることになります。たとえ単一宇宙説の証拠がなくても，後者のほうが好ましい選択です。世界を説明するこのようなアプローチがきっかけとなり，哲学者たちは100年以上，知り得ることと人間の思考がもつ性質をめぐって議論を戦わせてきました。いずれにせよ，クリティカルに思考するという目的に対するメッセージはとてもシンプルです。「正確さを損なわない限り，できるだけ簡潔に」

論理展開への置き換えは好意的に――イギリスの哲学者ナイ

ジェル・ウォーバートンは，哲学者が「好意の原則」と呼ぶものの例を次のように示しています。

> ある発言者が動物の幸福に関する議論で，「動物はすべて平等に扱われる権利が与えられるべきだ」と意見を述べるかもしれない。これに対して考えられるのは「それはバカげている」という反応だ。キリンに投票権と所有権を与えたところで，相手はどちらの概念も理解しないから無意味というわけだ。これに対し，好意的な反応ならば次のように解釈して，それから意見を述べるだろう。すなわち「動物はすべて危害から守られる権利を平等にもつべきだ」とすべき主張を，「動物はすべて平等に扱われる権利をもつべきだ」と簡略化したのだと。

表面的には，「正確さを優先すべき」という呼びかけを言い換えただけのように見えるかもしれませんが，「好意の原則」はただ字面をなぞっただけの理解の域を超えます。つまり，相手の主張を意図的に弱める無茶苦茶な恣意的な態度ではなく，相手の論証を最大限に補強したバージョンと向き合う姿勢です。

「好意の原則」の欠如が市民の対話にもたらす結果を見たければ，ニュースサイトやソーシャルメディアのコメント欄をのぞくだけで十分です。そこは，文法の間違いや誤字脱字の指摘，あるいは相手の反論を茶化すなどのいさかいが日常茶飯事の世

「好意の原則」はただ字面を
なぞっただけの理解の域を超えます。
つまり，相手の主張を意図的に弱める
無茶苦茶な恣意的な態度ではなく，
相手の論証を最大限に補強した
バージョンと向き合う姿勢です。

界です。しかし，それらとは逆に相手の主張を好意的に置き換えて理解することは，単に論理の展開がしやすくなるといった次元を超えた恩恵をもたらしてくれます。

それは，相手の論証の最も説得力あるバージョンを想定し，向き合うことで思考能力がさらに鍛えられるからです。スポーツ選手が，弱い相手よりも強い相手と競い合うほうがさらに強くなるのと同じ理屈です。枝葉末節的な欠点や相手の弱点をあげつらうばかりでは，いつまで経っても思考能力は身につきません。論拠の確かな説得力ある主張にも，その気になればいくらでも欠陥や弱点は見つけられます。それでもあえて相手の論証の確かな主張と真正面から向き合うことで，さらに力強く誠実な議論が促され，そこから新しい発想も生まれてくるでしょう。それはインターネット上の「ディベート」で見られるような，偽りに満ちた際限のない論争とは正反対のものです。

好意的な理解とは，いきなり相手を攻撃することではなく，相手を尊重することです。まず，相手の主張を論理的に置き換えた結果をその相手に示して，「このように理解しましたが，あなたの主張を的確に捉えていますか？」とおうかがいを立てるのです。そのうえで，改めて議論に入るというくらいの心構えで臨む必要があります。こうした変換プロセスには「共感性」，すなわち相手の立場に立ち，相手が何を信じ，なぜそれを信じているかを発見する能力が必要です。こうした共感性はさらに誠実な議論を促すだけでなく，確証バイアスと呼ばれる思考の欠陥の矯正にも大いに力を発揮してくれます。確証バイアスはすでに信じていることは受け入れ，そうではないものは拒絶する人間の心の傾向です。これがあると推論はゆがめられ，誤解や情報操作のような罠にはまりやすくなってしまいます。

説得的コミュニケーション

情報操作の話が出たところで，クリティカル・シンキングに関してもう一つの言語能力があります。それは説得的コミュニケーションで，歴史的には「**レトリック（修辞法）**」と呼ばれてきたものです。

前章で見たように，修辞学（レトリックに関する学問）はアリストテレスが体系化して『弁論術』という著作にまとめあげたテーマの一つです。彼はその著作で文章やスピーチでコミュニケーションを図る場合，伝えようとするテーマに関係なく聞く者に強烈な印象を残す方法があることを指摘しています。そのようなレトリックには頭韻（連続する単語の最初の音を意図的に繰り返す技法）や脚韻などがあり，読み手や聞き手の心を動かす手段として，詩や歌，政治演説に取り入れられてきました。たとえば頭韻は「fallacy-filled free-for-alls」のように，「 f 」を何度も繰り返します。脚韻はこの逆で，句末や文末で同じ音の語句を使う技法です。頭韻，脚韻というと難しいですが，要するに「韻を踏む」ことです。

韻を踏ませるのは文学ではおなじみの技法ですが，ほかにもとりわけ演説に説得力をもたせる優れた効果を発揮するレトリックがいくつかあります。一つは「頭語反復」で，言語的効果を上げるため，意図的に同じ言葉を繰り返す技法です。たとえば，大統領候補のヒラリー・クリントンは選挙運動で「私の支持者，私の擁護者……私の同志たちよ！」と訴えました。これをそのまま文章として読んだら，「私の」という言葉が繰り返されていて，とてもぎこちなく感じるでしょう。しかし，これがヒラリーの口から発せられると，なぜか強い説得力が生まれます。またこの呼びかけには，「トリコロン」と呼ばれるレトリックも使われています。トリコロンは単語やフレーズを畳み掛けるように3回続ける手法で，特にスピーチに使うと効果的です。もう一つの例は「交差対句法」と呼ばれる手法です。この手法を使用すると，相手の関心を強く引く言い回しになります。その典型が今も人々の記憶に残り続けている有名なジョン・F・ケネディの大統領就任演説です。

> 国があなたに何をしてくれるかを問うのではなく，あなたが国に何ができるかを問いなさい。

ケネディの演説では，国=A，あなた=Bとするなら，「ABBA」の構造をとるレトリックが用いられていることがわかります。つまり「交差対句法」というレトリックは，対になるフレーズや文の語句の順番を意図的に反転する手法なのです。

また演説，その他プレゼンテーション向けに用いられるレトリックもあります。俗受けするようなくだけた調子で話を切り出す「前置き」や，熱烈に場を盛り上げるフレーズ「結語」の組み込みです。皆さんがこれまで耳にした歴代大統領の演説にも十中八九，こうしたレトリックが使われてきました。いずれも古代ギリシャのアリストテレス，古代ローマの雄弁家キケロにまでさかのぼることができます。こうしたレトリックは説得力を高めるだけでなく，時代を超越していることがわかります。

クリティカル・シンキングを教える側の人間のほとんどは哲学の専門家か，少なくとも哲学の素養のある人たちだろうと思われます。そのため，レトリックがクリティカル・シンキングに果たすべき役割については両者の間で議論の争点になってきました。こうした哲学と修辞学の流派の反目(はんもく)は，古代都市国家アテナイの黄金時代にまでさかのぼります。

ソクラテスが哲学者を「知を愛する者」と定義した背景には，ソフィストと呼ばれる教師連中から哲学者を分離しようと考えたという理由もあります。ソフィストは放浪教師で，野心的な富裕層を相手に聞く者を効果的に操る弁論術を教えていました。その弁論術とは，要するに古代ギリシャ版「説得的」コミュニケーションです。直接民主制都市国家だったアテナイでは，裁判員や民会（エクレシア）*[1]の参加者をいかに動かすかが権

---

*[1] 古代ギリシアの都市国家（ポリス）における市民総会。

力の座に上りつめるうえで大きく物をいったため，群衆操作術を教える仕事は実入りのよい商売になったのです。しかし，論拠の弱い主張を説得力ある主張へとすり替える術を教える彼らは，もっともらしく見えるだけの真実ではなく本当の意味の真理を追求する哲学者には鼻もちならない存在でした。

哲学と修辞学の間で2500年にわたってこのような論争が続いているものの，人と人とのコミュニケーションにおける修辞法の役割を理解することは，クリティカル・シンキングを推進する側にとって得るところが大きいと言えるかもしれません。話者の主張から明確で曖昧さのない前提と結論を抽出するとき，本質と関係のない枝葉を取り去る必要が出てきたら，その枝葉の部分に説得力をもたせる以外はあまり意味のないレトリックである可能性は高いでしょう（たとえば，ディナーパーティー論争に出てきた「なんてバカバカしい！」のような一文）。そのため説得的効果を高めている語句とは何かが理解できれば，論理的な主張を構成する語句とそうではない語句との切り分けができるようになるでしょう。

レトリックが根拠の弱い主張を実際以上に強く見せるために用いられるのであれば，その技法を心得たクリティカル・シンカーは透視能力を獲得したようなものです。それは言葉で覆われた煙幕を破り，その背後に隠された稚拙な推論や誤った前提を見つけるために必要な能力となるのです。

最後に，拙い主張を見た目以上に説得力をもっているかのよ

妥当性と健全性,
論拠の確かな主張に加え,
相手の注意を惹きつける説得力が
必要になってくるのです。
道徳的で倫理的であれば
申し分ありません。
このようにして何世紀にもわたって
聞く人の心を動かし続けてきた
説得的コミュニケーション術を
ご自身の主張と結びつければ,
それは単に納得がいくというだけでなく
ゆるぎない説得力をもつ
最強の主張になります。

うに見せることができるのがレトリックだとしたら，優れた主張に対してはどんな効果を生むか想像してみましょう。たとえ提示した前提が真で，論理的推論も前提を結論にしっかり結びつけていたとしても，それだけではまだ相手には伝わりません。妥当性と健全性，論拠の確かな主張に加え，相手の注意を惹きつける説得力が必要になってくるのです。道徳的で倫理的であれば申し分ありません。このようにして何世紀にもわたって聞く人の心を動かし続けてきた説得的コミュニケーション術をご自身の主張と結びつければ，それは単に納得がいくというだけでなく，ゆるぎない説得力をもつ最強の主張になります。

アーギュメンテーション（議論の展開）

先に「誤謬」について取り上げましたが，まだ触れていない誤謬が一つ残っていました。それは「多義性の誤謬」です。これは複数の意味をもつ単語の多用によって生じる，意図的または意図しない記述の混乱を指します。たとえば本章ですでに何度も登場している「アーギュメント（Argument）*[2]」という単語。「アーギュメント（Argument）」が表す意味は，使用される文脈によっては「議論」や「主張」「論証」となります。

この言葉は，前提という形式で示された証拠と結論，前提と結論を論理的に結ぶ推論からなる一連の記述を意味する場合も

---

*[2] 巻末の「用語集」に記載されている「論拠（Argument）」は，62ページに列挙されている論証形式上の用語としての説明のみ記載。

あります。その定義をアリストテレスの三段論法に当てはめれば，全体で一つの「アーギュメント」とみなすことができます。ディナーパーティー議論の例も，それぞれに異なる形をとる「アーギュメント」とみなせるでしょう。

しかし「アーギュメンテーション（Argumentation＝議論の展開）」という言葉の場合，ある研究者の説明にもあるようにはるかに広い意味をもったりします。「［アーギュメンテーションすなわち議論の展開は］発想と思考，感情と仮定をすべて含む表現形式。発想および概念を（常に，そして有利に働く）証拠で支え，論理的，またはそれに準じる形で組み合わせ，さらに既存の知識体系とも関連づけること。そして，議論を学ぶ者自らがそれに参加すること」。この定義に従えば，異なる政策の推進者間で交わされる複雑な「議論」も，各当事者によって論理的に結びつけられた複数の「主張」から成り立っていると言えるかもしれません。

用語の定義をどれだけ広くとるかは人それぞれですが，クリティカル・シンキングとは議論の生成と分析の学習だと言っていいのではないでしょうか。その証拠に，クリティカル・シンキングを教える課程の多くで，討論中心の授業計画が立てられる傾向があります。しかし今やクリティカル・シンキングの定義は拡大し，好奇心や寛容の精神といった個人の習性のような非認知的要素まで含まれています。このため，議論で自説を論証する能力に秀でるのはクリティカル・シンキングにとって不可欠だが同義ではない，と考えたほうが無難でしょう。

「一般的な」辞書に書かれた「アーギュメント」の定義のうち，クリティカル・シンキングに最も関連のある定義は，「ある視点の支持や立証を目的とする首尾一貫した理由，表明および事実一式」，または「相手の説得や承服を目的とした，レトリカルな表現形式」です。これらの定義には，クリティカル・シンキングを身につけるために必要な「アーギュメンテーション」の要素も含まれます。すなわち「自分自身に対しては何かを信じることを正当化」し，「相手に対してはある考えを受け入れてもらったり，考えを変えてもらったりする」という部分です。

こうした定義は「アーギュメント」のもう一つのよく知られている意味,「怒号の飛び交う口論, 言い争い」とは対照的です。この単語を耳にしてまず皆さんが思いつくのは，否定的な定義の場合が多いのではないかと思います。家族や政治的に対立する者同士の口論，あるいはバーの常連間での怒鳴り合いを連想させるという意味です。

過激な言葉が飛び交うからといって，クリティカル・シンキングの定義に基づく議論がまったく行われていないわけではありません。他者の考えを変えるために用いる手段に，劇的効果がある熱の込もったレトリックが含まれていてもおかしくないからです。しかし大声の議論となっても正真正銘の議論とは別ものの行為，すなわち単なる意見の応酬とは注意して見分けなくてはなりません。意見の応酬で優先されるのは相手を打ち負かして我を通すことであり，説得によって相手の考えを変えることではないからです。

身体的な威圧は，議論ではなく争いを示す明らかなサインになります。暴力に屈して従順になるのは，その相手が考えを改めたからではなく，殴られないために行動を変えただけのことです。だれかを脅迫する，または意思に反することを無理強いさせる，あるいは直面している不快な状況から逃れるために，自身の信条に反して何でもしようというところまで感情を高ぶらせて追い詰める，こうした行為も誠実な説得ではなく無理矢理我を通すやり方です。

クリティカル・シンキングの目標が理念を支持する根拠を見つけることだとすれば，身体的または感情的な苦痛を避ける理由しか与えないケンカのような行為は，反省的思考をもつ人が行う「アーギュメンテーション」の定義から外れています。真のクリティカル・シンカーであっても，問題を話し合う際にはどうしても感情に訴えてしまう場合があります。それは仕方ありません。それでも相手を納得させようとするときに重視し選ぶべきことは，考え抜いた末の説得術なのです。

コミュニケーションには，議論や争いを伴わないものもあります。たとえば新聞に掲載されているスポーツの一覧記事。これはただ事実を並べただけであり，何かを信じる根拠を提供しているわけではありません。説明であって，議論ではありません。ただ，議論と説明の区別が微妙な場合もあります。たとえば天気予報もその一つです。一般的に天気予報は事実を提供するものですが，予報を支持するために事実が利用されている場合があるからです。その場合，使われている事実がある主張の前提の役目を果たし，結論として機能する一つまたは複数の予報がそこに存在することになります。この相違について，ある哲学者はこう述べています。「説明は，それを聞く人の理解力を高めるのが目的。議論は，ある立場を受け入れる力を高めるのが目的だ」

「背景の知識」の重要性

論理学の演習では，抽象的概念に基づく思考訓練に重点が置かれます。たとえば，「もしPならばQ」式論証の場合，PとQはそれぞれ異なるものを指す可変値になります。これに対してクリティカル・シンキングが重点を置くのは「形式的ではない論理」であり，数学以外の分野に適用されることも少なくありません。そのため，クリティカル・シンキングの大半の演習では，論じるテーマと関連分野の理解を深めることが極めて重要になってきます。

推論がどれくらい適用されている内容と結びついているかについては，バージニア大学の認知心理学教授ダニエル・T・ウィリンガムが例を引用しながら要約しています。

かなり以前から，教育者が気づいていることがある。出席率がよく，学業成績がいくら優秀な学生でも，あらゆる状況に対応できる有能な思考力をもった人間として卒業する保証はないという事実だ。彼らには，特定の例や特定タイプの問題に固執する，思考の固定化という奇妙な傾向がある。たとえば数学の問題で，自分の回答の正しさを確認するつもりで計算前に答えを推測する方法を学んだような学生が，化学の実験になると，自身の推定値の合計が100％以上であることに気づかずに化合物の成分を計算したりする。またある学生は，アメリカ独立戦争の原因をイギリスとアメリカの両方の視点から思慮深く議論することを学んでおきながら，第二次世界大戦をドイツ側の視点から見てどうだったのかと問おうとは考えない。ある状況ではクリティカルに考えることができても，別の状況ではそれができないのはなぜだろうか？ありていに言えば，考えを向けている事がらによって結びつく思考プロセスは異なっているということだ。

本書でこれまで取り上げてきた論理的構造のメガネを通して見ると，根拠となる事実があって初めて，結論を支持する論証の前提を形成したり情報を与えたりすることができると言えます。前提をつくりだすには取り上げるテーマの理解が必要なように，前提の誤りや弱点を批判するにはその内容に関する知識が必要です。

情報の格差

「背景の知識」の果たす役割について（122ページ参照）は，次の章「クリティカル・シンキングをどう定義し，教え，評価するか」で扱いますが，その前にインターネット時代ならではの「背景の知識」についての問題を考える必要があります。今の時代は多くの人がスマートフォンの画面をスワイプしたりコンピューターのマウスを数回クリックしたりするだけで知りたいことの大半は得ることができます。このような便利な情報化時代に,「知識を得る」というのはどういうことなのでしょうか？

新しい情報格差を招いている原因の一つが，富める国と貧しい国を含む貧富の差による技術資源の偏りです。これは情報の格差ではなく，情報アクセスの格差です。この格差を招いている要因には，コンピューターやスマートフォンなどのデジタル機器の普及度が考えられます。しかし情報アクセスという点でいえば,いくらこうしたデジタル機器を持っていても,インターネットに接続しなければただの箱にすぎません。政府の規制や管理のない高速インターネット接続の普及もまた，技術的格差の溝を埋める重要課題になります。

情報アクセス機会の格差は最小限に抑える必要があるとはいえ，現状では「持っている側」でさえ気の滅入る問題があります。増える一方のデータの宇宙からどうやって正しい情報を取り出せばよいか？　データが増えれば情報の信憑性と利用価値は高くなるものの，過剰になれば偽りまたは本筋と無関係なものも増えていくばかりです。では，情報の価値を評価し，それを適切に利用するにはどうすればよいでしょうか？

情報リテラシー

その問題を解決するのが，**情報リテラシー**といわれる能力です。情報リテラシーもまた，クリティカル・シンキングにますます重要な要素になるとみなされている現代の知的能力です。情報リテラシーという分野が登場したのは1970年代。折しも新聞，ラジオ，テレビなどの既存メディアから提供される情報をどう評価すべきかを学生や社会人が学ぶ，メディアリテラシーという類似分野が発展したのと同じ時代になります。既存メディアは一般に広く普及して，家にいながらにして情報を得られるようになったわけですが，それ以外の情報源はもっぱら公共図書館や大学図書館が頼みの綱でした。情報リテラシーが図書館学から生まれたのもそのためです。

図書館は歴史を通じて多種多様な書籍，雑誌，その他定期刊行物など，高価で入手困難な情報源を収蔵し，学生や一般市民が利用できる場を提供してきました。マイクロフィルム，CD-ROMデータベース，インターネット上の情報源といった新しいメディアが登場すると図書館はそれらも収集し，利用者カードさえあれば，だれでも貴重で高価な情報源に引き続きアクセスできるようにしました。

現在，図書館司書が対応する情報源はますます複雑化し，技術的に高度になっています。図書館司書の仕事は刷新され，司書たちは書籍や原稿の収集者と保管者から，情報のエキスパートへと変貌しました。図書館生まれの情報リテラシーは，情報にアプローチするためにだれもが必要としています。今やさまざまな情報は天文学的数字にまで膨張し，ありふれた存在となったコンピューターやモバイル機器を介して私たちの教室，家庭，職場にどんどん入ってきます。

高度な情報リテラシーは，次のような能力を指します。「何が必要な情報で，その情報がどう成り立っているかが理解できる。目的に適した最良の情報源を見分け，どこに当たればそれがあるのかが特定できる。情報源をクリティカルに評価し，得られた情報を共有できる」。そしてこれは，「一般的に使用されている研究手法を知る」ことでもあります。このような「情報知識を身につけた人」になるには，以下のステップを理解し，応用することが求められます。

情報を探す――単純なウェブ検索以外にも文献調査やデータベース活用など，さまざまな手段を戦略的に組み合わせ，最良の情報源を見つけることができる

情報を評価する――得られた情報を一連の検証作業にかけることができる。とりわけ情報の正確さ，妥当性，タイムリーさと

図書館生まれの情報リテラシーは，
情報にアプローチするために
だれもが必要としています。
今やさまざまな情報は天文学的数字に
まで膨張し，ありふれた存在となった
コンピューターやモバイル機器を介して
私たちの教室，家庭，職場に
どんどん入ってきます。

いった観点から分析できる

情報を整理する——情報の収集に規則性をもたせる。規則性をもたせることで，特定の作業（研究論文の執筆など）向けに有用な情報を選び出せるようになるなど，分類の方向性が決まりやすくなる

情報を統合する——収集，評価，整理した情報をまとめる。まとめた情報をもとに質問に回答したり，前述の研究論文のような「成果物」を作成したりといった作業を完成させることができる

情報を他者に伝える——質問や論文の回答などの作成物を他者と共有する。共有した情報は，情報エコシステムの一部となり，情報リテラシーをもつ者がそこから探し出せるようになる

大切なのは今，自分が話題にしているテーマを知らずして，クリティカル・シンキングなんてとんでもない，ということ。結局それは「背景の知識」を印刷物やデジタル情報源から得た場合でも，何年間も勉強を積み重ねて獲得した場合でも，オンライン検索だけで事足りた場合でも同じことなのです。

創造性の大切さ

クリティカル・シンキングが事実と論理しか扱わないとしたら，「創造性こそクリティカル・シンキングの中核スキル」というのは，見当違いに聞こえるでしょう。しかし前章で取り上

げた「ブルームの分類法」(47ページ図1)の最新版を見ればわかるように，今やピラミッドの頂点にくるのは創造性(分類図では「創造する」という動詞で表わされる)です。言い換えれば，高いレベルの思考能力で最も高度なスキルが，いわゆる「創造性」なのです。洗練された論理的証明の構築や化合物の生成に苦労した人ならば，だれしもそうした知的努力で重要な役目を果たすのが想像力と創造性，創造的活動だと口をそろえて言うはずです。

クリティカル・シンキングで「創造性」が幅を利かせるようになったことと，問題解決法としてジョン・デューイが『思考の方法』で書いた記述とは矛盾しません。デューイの提案は仮説を提案しそれをテストし，テストが失敗した場合は仮説を拒否する。仮説がテストで生き残った場合でも条件つきでそれを受け入れる，というものでした。

デューイの説明する思考プロセスは科学の影響を強く受け，明らかに体系的に構築されたものです。それでも彼のいう「反省的思考」を必要とするすべてのプロジェクトに適用可能であり，そこには創造性も備わっています。では，今までだれも思いつかなかったような仮説とその仮説をテストするための実験のアイディアは，いったいどこから来るのでしょう？

結局のところ，科学者は事実や観察だけで自分の着想を導き出しているのではありません。法則探しや実験の考案を繰り返すうち，それまで解明されていなかった新たな法則性や知見がもたらされるかもしれません。必ずしも明らかになっていない法則性を求めたり新しいものを編み出したりするのは，すべて創造的活動といえます。絵画でも科学的実験でもどんな形の技芸（アート）でも，やっていることは同じなのです。

ここ数十年，アップル社のiPhoneのような人気製品の成功にデザインの果たした役割が注目され，ビジネスや教育をはじめとする多様な分野でデザインベースの開発に対する関心に火がついています。その文脈で，包括的用語として盛んに使用されているのが「デザイン思考」です。これはますます人気が高まってきている実験的手法を指す言葉で，実験を繰り返すうちに知識が形成され発見が生まれ，それらを「カタチ」へと変えるというアプローチです。以前ならば，科学と数学からなる分野に限定されると考えられていたものにまで，デザインのような実用芸術を含める試みが行われています。科学や数学の総合的学習を指すSTEM（科学, 技術, 工学, 数学）教育も, 今や「芸術（Art）」のAを加えたSTEAM教育へと変化しているくらいです。

では，創造性がクリティカル・シンキングに果たす役割とは何でしょうか？　それにはまず，本書で説明してきたクリティカル・シンキングの道具を用いて組み立てた推論が「新しい素材」にも当てはまるかどうかを考えてみる，という方法が考えられます。この場合，「新しい素材」は完全に頭の中だけに存在するものかもしれません。デューイは100年以上前に著した『思考の方法』で，次のように書いています。

> 子どもたちの想像力豊かな物語の整合性は，子どもの内面によって千差万別。支離滅裂な展開をするかと思えば，一貫したつながりがあったりする。それらを結びつけると，反省的思考を鏡で映したかのような思考の流れがある。事実，このような内面の物語は通常，論理的思考をつかさどる頭脳から生まれる。ほとんどの場合，こうした想像上の活動がまず現れて思考の下地をつくり，それから熟慮型思考が続く。その意味では，概念やアイディアは実際には存在しない心のなかの絵であり，思考はそのような絵が一つに連なった映像なのだ。

個人の特性

さて，クリティカル・シンカーにふさわしい特性として好奇心，共感性，創造性などを取り上げて考察してきましたが，これらはカリキュラムや学力基準ではなく，人間の個性といったほうがピンとくるかもしれません。いずれも「個人の特性」に関連する言葉であり，属性または行動特性とも呼ばれます。一連の行動特性によって説明されるのは，クリティカル・シンキングを実践し，秩序立った推論から導かれる知識と能力を実生活に応用したときに期待される結果です。

特に1980年代以降，高等教育でクリティカル・シンキングを教える授業が広まると，授業にかかわった教師やクリティカル・シンキング教育の研究者は，有益な反省的（クリティカルな）思考にとどまらず，そうした思考能力を実践する意欲に必要とされる幅広い「個人の特性」を明らかにしました。「個人の特性」が特に要求されるのは，本人の意思に関係なく熟慮を求められる状況に追い込まれたような場合です。

カリフォルニア州を拠点とする非営利団体「クリティカル・シンキング財団」は1980年代の設立以来，クリティカル・シンキング教育をアメリカ全土に広めるよう支援するための大きな力となってきました。財団の活動には，クリティカル・シンカーになるとはどういうことかを明確に示す枠組みの策定も含んでいます。その枠組みにはクリティカル・シンカーのもつべき「個人の特性」の一覧もあり，その一つに「重要な知的特性」があります。その項目には，以下のような特性が挙げられています。

知的謙虚さをもつ――自分の知識の限界と，推論に潜む欠陥を認識すること
知的な勇気をもつ――たとえ社会的な圧力に直面したとしても，「これが正しい」という主張を曲げず，自分の思うところを堂々と主張できること
知的共感性をもつ――自分を相手に置き換えて考え，相手の立場への理解を深めること

知的自律性を保つ——秩序立った推論を行い，自力で考えること
知的誠実さをもつ——誠実な思考と議論を行える能力。自分に対しても他者と同じ厳格な知的基準を当てはめ，自説が誤っている場合は素直に誤りを認める態度
知的忍耐力をもつ——ハードな知的作業に対応できること。質問に答えたり，自分の立場を主張したりするときに生じる障害の克服に必要な適性
理性を信じる——あくまでも理性的に。時間がかかっても，問題を解決し，知識を得るにはそれが最良の方法，という信念をもつこと
公正に振る舞う——どのような視点の考えであっても，誠実さをもって接すること。自分の信念，議論されている課題に対する感情的な対応，共同社会の規範意識（単一視点の同意を要求する仲間からの圧力など）に左右されない姿勢を保つこと

前述の一覧に示した特性で注意しなければならないのは，知的と言いながらも感情や道徳面，社会面といった知性以外の側面が多く含まれている点です。このように「個人の特性」を捉え，これらが単独で，あるいは組み合わせて用いられたときに，クリティカル・シンカーとはどんな人間なのかが明らかになります。たとえば，知的謙虚さ（自分には限界がある）と知的な勇気（自分の信念を支える推論は正当だと感じたとき，その信念を守る）は，いわばクリティカル・シンカーにとっての精神

的支柱です。この二つの支柱に支えられて初めて，知的美徳を決定づけるほかの特性が「個人の特性」にプラスして備わってくるのです。

このような「個人の特性」には，倫理的側面も含まれます。たとえば「共感性と公正さ」。これらは，自分がこう扱われたいと望むように他者も扱うべきとする考えを知的に言い換えたものです。また，相互扶助という道徳観の「黄金律」が反映された精神でもあり，ほぼすべての伝統的な宗教や倫理とも関連する特性です。同じことが知的誠実さにも当てはまります。どんな誠実さについても言えると思いますが，ここでも，自分の選択とまったく同じように他者の選択も扱わなければならないという絶対的規範が前提になっています。

クリティカル・シンキング財団による知的特性の一覧は，クリティカル・シンカーに期待される特性を定義するために，教育者や研究者によって作成された多くのリストのうちの一つです。実際には数十年にわたり，ありとあらゆる種類の知的特性の一覧が作成され，それらを統合する作業がいまだに続いています。その過程で，たとえば「探究心」と「好奇心」のように，ほぼ同義なのに呼び方の異なる用語も散見されたため，用語統一の試みが現在なされています。逆に，同じ概念の異なる側面を表す言葉やフレーズもあります。「代替意見の尊重」や「オープンマインドネス」などです。

既存の義務教育と高等教育にどのようにクリティカル・シン

「個人の特性」は単独で，あるいは
組み合わせて用いられたときに，
クリティカル・シンカーとは
どんな人間なのかが明らかになります。

キングを組み込むべきかについては，次の章で述べるように，綿密な議論が交わされています。しかし，クリティカル・シンキングが教育の優先事項とみなされ，論理学や議論の進め方などが授業内容として新たに重要視されるようになったとしても，知的美徳とそれに関連する「道徳教育」をどう組み込むかについては明確ではありません。そのような道徳教育をクリティカル・シンキング教育課程のどこに，どのように組み込むのか，そもそも組み込むこと自体がふさわしいのか，現時点ではまだ明らかな方針が示されないままです。

クリティカル・シンキングの三要素

本書の目的は，クリティカル・シンキングの優れている点から，あるいは乱立するそれぞれの定義からお気に入りを選び出すことではありません。一方で，この分野に携わるすべての人の間には重要な共通理解があり，それについては一言，触れておくべきでしょう。それは以下に示す，互いにつながり合っているクリティカル・シンキングの三つの構成要素です。

1. 背景の知識――論理的構造と使用される語句，議論の仕方といった，クリティカル・シンキングの構成要素に関する知識があること
2. 運用の能力―― 1. で示したクリティカル・シンキング要素を実際の場面に適用する能力

3.個人の特性——情報を得て意思決定をする際には，クリティカル・シンキングのツールを活用しようとする意志と気構えをもち，クリティカル・シンキング能力を誠実かつ倫理的に活用しようとする姿勢で，推論を優先して行おうとする個人的な特性

上記の三つの要素のように，クリティカル・シンキングを定義したり説明したりしようとする試みには，クリティカル・シンカー自身が頭のなかで起こっていることを認識しているものという期待も込められています。ここから，クリティカル・シンカーが伸ばすべきもう一つの能力，**メタ認知**が出てきます。メタ認知は，自分自身の思考プロセスを認識し，理解する能力です。加えて求められるのは，自分の思考に他者の視点を反映させ，自分自身に置き換えて考えようとする姿勢です。

推論の技術を高めるうえで，論理学のような核となる能力が欠かせないことは明々白々かと思いますが，心の広さや共感性のような非認知的要素もまた，優れた推論に不可欠な思考ツールとしてみなすことができると思います。

それは前章で取り上げた，心理学から導き出された卓見を考えれば自ずと理解できるでしょう。それは，社会経験を通じてだれもが知っているはずです。すなわち「人間の心は互いにせめぎ合う理性，感情，本能によって分断されている」ということです。このように分断された心をもつ個人は社会システムの歯車となり，別の個人と相互作用を及ぼしています。さらに問

題をややこしくしているのは，いくら理性を働かせ，感情や社会の圧力に屈せず考え抜いた選択をしたときでさえも，人間の理性には欠陥があるという点です。だから誤りや，情報操作の影響を受けやすい。それを引き起こしているのは人の脳にもともと組み込まれていると思われる認識の偏り，バイアスです。

私たちの心は不可能ではないにしても，そもそも理性的に振る舞えないようにできていると主張する人もいます。それでも，理性への信頼が知的美徳であることに変わりありません。それは私たち人間に与えられた特性です。単純に言われたままを信じたり，だれもが陥りやすい思考の誤りの犠牲になったりするのではなく，合理的な信念の理由を探り，考えをめぐらせることが必要です。同様に，ほかの個人の特性からも，私たちの思考を逸脱させる可能性のある感情や本能，考えの偏りを正す効果的な方法を得ることができます。

たとえば「オープンマインドネス（寛容な心）」です。自分が同意しない考えであっても，それを積極的に受け入れようとする姿勢のことです。感情的になれば，対立意見について考える（あるいは耳を傾ける）だけで本能的な不快感を覚えるかもしれません。一方で確証バイアスは対立意見には目もくれず，自分の考えを支持する証拠や議論ばかり受け入れようとします。しかしオープンマインドネスで接すれば，自分がもち合わせていない考え方をもっと深く知ることができるでしょう。

寛容さは適度に取り入れれば，それまで信じていた事がらに関する考え方が変わったり，他者に対して考えを変えてもらうのに必要な見方が得られたりする可能性があります。議論の当事者だけでなく，社会全体といった大きな集団に参加している場合でも，オープンマインドネスによって，以前はだれにも見えていなかった新しい答えや発想がもたらされるかもしれません。そうした議論で必要なのは，クリティカル・シンキングに関する「背景の知識」「運用の能力」「個人の特性」をもった個人が熟慮を重ね，集中的に検討を重ねていくことです。

このような楽観的視点に立つと，クリティカル・シンキングこそが，私たちが直面する多くの問題を解決してくれると言えるのではないでしょうか。現代社会は排外主義や否定的感情に振り回されている政治問題から，非合理的な考え方によって引き起こされ，悪化の一途をたどる破滅的な環境破壊や経済の破局まで数多くの難問を抱えています。しかし，クリティカル・シンキングが個人や世界にもたらす可能性のある恩恵について考察を進める前に，クリティカル・シンキング能力の開発を社会全体とは言わないまでも，教育の中心に据えるうえで立ちはだかる課題にまずは対処しなければなりません。次の章ではこれらの課題，すなわちクリティカル・シンキングをどう定義し，教え，評価するかについて考えていきます。

第3章

クリティカル・シンキングをどう定義し，教え，評価するか

ここまで，クリティカル・シンキングが一つの確固とした概念となった経緯，およびこの能力の向上がいかに教育の最重点課題となり，社会的にも重要な目標となったかについてお話ししてきました。また，多くの研究者や教育者によって明らかにされたクリティカル・シンカーになるための必要条件が，「背景の知識」「運用の能力」「個人の特性」の3点であることをご理解いただけたかと思います。

現代社会が抱えている問題の解決手段にもっとクリティカル・シンキングの活用を，という主張に異を唱える人はほとんどいないでしょう。そのため，必然的に教育者や企業，政治家の間では，「クリティカル・シンキング能力の向上が求められている今，それに応えるにはどうしたらよいか？」が話し合われることになります。序文で引用した企業アンケート結果では，大学新卒社員を採用した企業の7割超が，新入社員にクリティカル・シンキング能力が欠如しているという回答でした。一方，

教師や大学教員のほとんどがクリティカル・シンキングは不可欠な能力と口をそろえて言っており，その認識には大きな差があるのです。本章ではクリティカル・シンキングの定義づけ，教え方と評価の仕方に関する重要課題の考察を通じて，この認識のギャップを解消する道を探ります。

クリティカル・シンキングの定義は可能か？

クリティカル・シンキングの系譜についてお話ししたとき，この用語に定義を与える試みによって，クリティカル・シンキングの重要課題が明るみになった点に触れました。その多くは，「クリティカル・シンキングをどう教え，どう評価すればよいか？　そもそもそれは可能か？」に直結する問題です。

クリティカル・シンキングの「定義」は使われる場面で決まる

クリティカル・シンキングに共通の定義は存在しません。だからといってこれは，だれかが「クリティカル・シンキング」について語ったときに，それが何なのかまるで見当がつかないということでもありません。さまざまな定義が混在しているのは，クリティカル·シンキングが定義づけられた時代によって，優先すべき課題がそれぞれ異なっていたためです。

クリティカル・シンキングを定義する試みはすでにお話しした通りですが，ここで少しおさらいをしてみましょう。まず1910年の『思考の方法』でジョン・デューイが「反省的思考」

に与えたのは，次のような定義でした。「いかなる信念，いかなる知識の想定形式であっても，それを裏づける根拠や自ずと導かれる結論に照らして能動的，持続的，慎重に検討すること」。一方，1941年にエドワード・グレーザーが与えた定義は多面的で，次のように定めています。「(1) 経験から生まれる問題やテーマを思慮深く検討しようとする姿勢，(2) 論理的探究と推論の方法に通じていること，(3)(1)と(2)を適用する能力」

デューイやグレーザーらによるクリティカル・シンキングの定義は，第1章でも触れたように，1983年制定のカリフォルニア州立大学機構によるクリティカル・シンキング課程の履修目標に反映されています。州立大学の全学生は卒業するまでに「言語と論理思考との関連を理解し，発案に対して分析と批判と支持ができる，帰納的または演繹的推論ができる，知識や信念の明確な表明から健全性のある推論を導き，現実的あるいは批判的な結論に達する」ことが目標とされています。

前章で触れた「クリティカル・シンキング財団」もまた，独自のクリティカル・シンキングの定義を定めています。この財団は，カリフォルニアを拠点に数十年にわたってクリティカル・シンキング教育に取り組んできた非営利組織です。財団は，自分自身の思考を客観的に眺める「メタ認知」能力の獲得と，「思考の偏り（バイアス）」の克服の2点に重点を置いて，クリティカル・シンキングを定義しています。なぜなら，思考は自己から，バイアスは個人が所属する社会からつくられる偏りだからです。そして，財団が定義したクリティカル・シンキングは以下の通りです。

> 主題や内容や問題を問わず，思考者自身がそれらを巧みに分析，評価，再構築して，考えの質を向上させるという思考法。自発的で自律的，自己監視型にして自己修正型の思考法であり，注意深い実践と優劣に関する厳格な基準の適用を前提とする。クリティカル・シンキングは必然的に効果的なコミュニケーションと問題解決力をもたらし，生来備わっている自己中心性と，特定社会中心思想の克服に寄与する。

続いて，出版社の研究員が調べたクリティカル・シンキングの定義を見てみましょう。

教育系の大手出版社ピアソン社のエミリー・ライが行った学術文献調査によると，哲学，心理学，教育学の各分野で，それぞれに異なるクリティカル・シンキングの定義がかなりの数存在していることがわかりました。たとえば，次のような定義です。

クリティカル・シンキングは……

・反省的で合理的な思考法。何を信じ，何をすべきかの決定に重点を置く

・意図のはっきりした目標指向型思考であり，「判断形成を目的とした」思考。思考そのものが一定水準の妥当性と正確性を満たしている

・問題解決，意思決定，新しい概念の学習に用いられる思考プロセスまたは戦略的思考法，またはその表明

ピアソン社のライ，マシュー・ヴェンテュラ，クリステン・ディサーボは教育関連の非営利団体「21世紀型学習パートナーシップ」と共同研究を進め，「現代に求められる能力とは～クリティカル・シンキングの指導と評価について」と題する論文を発表しています。

この論文では，クリティカル・シンキングの捉え方に完全な枠組みを提案しています。それは，クリティカル・シンキングを教育するプログラムについて，カリキュラムや評価を創設するという実際的な目標を目指して，評価し難い「個人の特性」よりも測定可能な能力を重視するということです。

そして，最も広く引用されているクリティカル・シンキングの定義は，1990年に哲学博士ピーター・ファシオンが主導した研究調査から生まれました。ファシオンはアメリカとカナダのクリティカル・シンキング教育に携わる46人と協力して，クリティカル・シンキングとそれに関連する実践，クリティカル・シンカーに必要な資質について共通の定義を作成しました。

研究参加者の内訳は哲学系と理学系・社会科学系教育者がそれぞれ半々。ファシオンらによるクリティカル・シンキングの定義づけ作業には，デルファイ法*1という意思決定と予測のための体系的手法が用いられ，のちに「クリティカル・シンキングに関するデルファイ・リポート」と呼ばれる報告にまとめられました。その報告で彼らはクリティカル・シンキングをこう定義しています。

> 自己規制的で目的意識の明確な判断能力。それは理解，評価，分析，推論からもたらされる。または，そうした判断の根拠となる証拠，概念，方法論，基準論，関連性を考慮する行為。

このようにクリティカル・シンキングの定義は，ある要素を重視するかと思えばほかの要素を重視するなどいろいろです。しかし，だからといって「定義はあまりにバラバラ，共通項が一つもない」と決めつけるのは性急です。一見，それぞれの定義は統一がとれていないように見えても，おおかたの定義を支えているのは，前章で述べたように「背景の知識」「運用の能力」「個人の特性」の三つの柱に変わりはないのです。

こうしてそれぞれのクリティカル・シンキングの定義を比べ

---

*1 アンケートなどにおいて，集計しその結果をグループ内で共有することを繰り返すことで，統一的見解に落とし込む手法。専門的知識を有する人々の間で用いられることが多い。

ると，「個人の特性」より知識と能力を重んじたり（ピアソン社の定義），思考の自己監視と思考力向上に対する個人の取り組みに力点を置いたり（クリティカル・シンキング財団の定義）と，食い違いが見られます。しかしそれぞれの定義で優先順位が異なるのは，定義が致命的なまでに不一致というより，健全性のある議論が行われていることの表れだと前向きに捉えるべきです。たとえば国語や数学のような一般教科の教え方でさえ変化し，進化している事実は，ここ数十年の教育水準の変遷を見ても明らかです。それぞれのクリティカル・シンキングの定義をなす要素も，生物学のような広範な分野を構成する要素に比べればはるかに少なく，その差は無視できる範囲内に収まっています。

クリティカル・シンキングの定義に何が「入り」，何が「入らない」か。クリティカル・シンキングの定義論で最も本質的な部分はここになります。すでに皆さんは情報リテラシー，レトリック，創造性などの特定要素（またはそれを構成する要素）がなぜクリティカル・シンキングに必要になってくるのかを学びました。この三つの要素がどれくらい含まれるべきかに関しては意見が分かれる場合があるかもしれませんが，それでもクリティカル・シンキングの目指す目標そのものが揺らぐことはありません。個人がそれぞれ自立した主体となること，自ら体系的に思考できるようになること。これがクリティカル・シンキングの目指す最終目標だからです。

個人がそれぞれ自立した主体となること，自ら体系的に思考できるようになること。
これがクリティカル・シンキングの目指す目標です。では，目標達成の足かせになるものがあるとしたら，それは何でしょうか？

では，目標達成の足かせになるものがあるとしたら，それは何でしょうか？

個人型の思考 vs. 集団型の思考

クリティカル・シンキングの目標達成を阻む要因が何かを探るヒントは，思考のプロセスにあります。マサチューセッツ大学の英語学名誉教授ピーター・エルボウは，ライティング技法と思考プロセスの関連を説き，クリティカル・シンキングについても言及しています。

エルボウ教授が教えるライティング技法は二段階方式です。第一段階が「まったく自由なライティング，探索的なライティング」。エルボウ教授はこれを，「注意も規則も二の次」で，インスピレーションと直感の赴くまま自由に書くことだと説明しています。ほとんど殴り書きと言ってよい状態で書き終えてから初めて，「書いた文章に対する体系的アプローチ」をとる第二段階が始まります。第二段階はほとんどの場合，集団療法的手法をモデルにしたグループディスカッション方式であり，学生たちは互いに創作物を批評し合います。

エルボウ教授はこの二つのステップを「自由奔放・創造的」段階と「構造的・クリティカル」段階とに分離せず，「第一次思考」「第二次思考」と呼び，それぞれにメリットと役割があると述べています。そしてこれはライティングに限った話ではなく，思考プロセス全般にも適用できると教授は述べ，後年の著作ではクリティカル・シンキングを取り上げています。エルボウ教授の言うクリティカル・シンキングが重きを置くのは，「自分自身の思考や他人の思考の欠陥をただ見つけるだけの〈疑いのゲーム〉で終わらせず，必ず〈信頼のゲーム〉で補完されなければならない」という点です。一見して欠陥だらけのように見える推論（文章）であっても，素晴らしい点を見つけだそうと提案しているのです。

エルボウ教授の考え方には，先に取り上げた創造性や慈善の原則など，従来のクリティカル・シンキングの実践との類似性は認められるものの，グループディスカッションで認められる「第二次思考」のメリットに関しては，「思考は社会的産物」という含みがあります。つまり，思考とは個々の人間の頭のなかだけで起こる現象ではなく，人と人とのかかわり合いがあって初めて起こる社会的行為ではないかというのです。哲学者のコニー・ミッシマーも「社会的思考」について，「一種の進歩史観*[2]で，ある思考がよいか悪いか，適切か合理的かそれとも批判的なのかを決定するのは歴史や社会といった外部要素にある」と述べています。ミッシマーの指摘が強調するのは，ある思考が自立した個人の内面でなされていても，そこには何らかの社会的な役割が働いている可能性があるという点です。

グループ方式による推論と意思決定は個人で考えた場合と比

---

*[2] 現代に至るまで人類は正しく進歩してきたとみなす歴史観。

べて同じか，優れているとする発想は昔からあります。何世紀も継続中の民主主義の実験しかり，現代の陪審制度しかりです。瓶のなかに入っているゼリービーンズの数を推測する場合も同じです。複数の人間で出し合った数の平均をとった場合，一人ひとりが個別に計算したときよりも，現実の数に近い数値が得られる傾向があります。法学者であり，オバマ政権下で行政管理予算局情報・規制問題室長を務めたキャス・サンスティーンは『実践行動経済学』(2008年，邦訳：2009年，日経BP)という共著書で，特定の**認知バイアス**を望ましい政策目標に振り向ける方法を説いています。一方で，グループ方式による思考法を考察した『*Infotopia: How Many Minds Produce Knowledge*(情報天国：何人いれば知識は生まれるか)』(2006年)という本も書いています。執筆のきっかけは，今や全世界にあまねく張り巡らされたインターネットの普及でした。この本でサンスティーンは，優れた論理的思考を出してくるグループにはどんな力が働き，破壊的な「集団思考」をもたらしかねないグループにはどんな力が働いているかを探っています。

2000年前から存在する論理学と違い，上記のような社会的思考を動かす力はあまりよくわかってはいませんが，コミュニケーションと共同作業はクリティカル・シンキングにとって確かに役には立つでしょう。しかし私たちの目的は，あくまでクリティカル・シンキングの定義づけです。これに対して，人間の活動は複雑で，まったく新しいカテゴリーになります。この新カテゴリーを何の加工もせずにいきなりクリティカル・シンキングの入ったバケツに突っ込んだら，それはバケツから溢れ出てしまって，定義づけの試みはいっそう混乱するでしょう。それに新たに追加された要素も，クリティカル・シンカーの育成という目標にはほとんど無関係なものばかりになってしまうおそれがあります。

クリティカル・シンキングを俯瞰(ふかん)すると

ここまででクリティカル・シンキングの定義をさまざまな角度から考察しましたが，それは，クリティカル・シンキングの構成要素を一つひとつひも解く作業でした。しかし，クリティカル・シンキングの構成要素をどんどん追加していくのとは逆の捉え方もあります。すなわち，もっと大きな全体を構成する一部としてのクリティカル・シンキングです。

そのような統合の試みで最もよく知られているのが，「21世紀型学習能力のためのP21フレームワーク」(以下, P21フレームワーク)です。これは前述の「21世紀型学習パートナーシップ」が策定しました。「21世紀型学習パートナーシップ」は新ミレニアムを生きる学生や生徒に必要なすべての学習能力を調査研究する目的で2002年，教育者，企業，政府によって設立された非営利の教育関連団体です。「P21フレームワーク」は思考能力にとどまらず，教育コンテンツ，教授法，評価法を含む全方位的な指針であり，クリティカル・シンキングに関して

「P21 フレームワーク」は思考能力に
とどまらず，教育コンテンツ，教授法，
評価法を含む全方位的な指針であり，
クリティカル・シンキングに関しては
「四つのC」の一部とする定義を
与えています。すなわち

1. クリティカル・シンキング
（Critical thinking）
2. コミュニケーション
（Communication）
3. コラボレーション
（Collaboration）
4. クリエイティビティ
（Creativity）

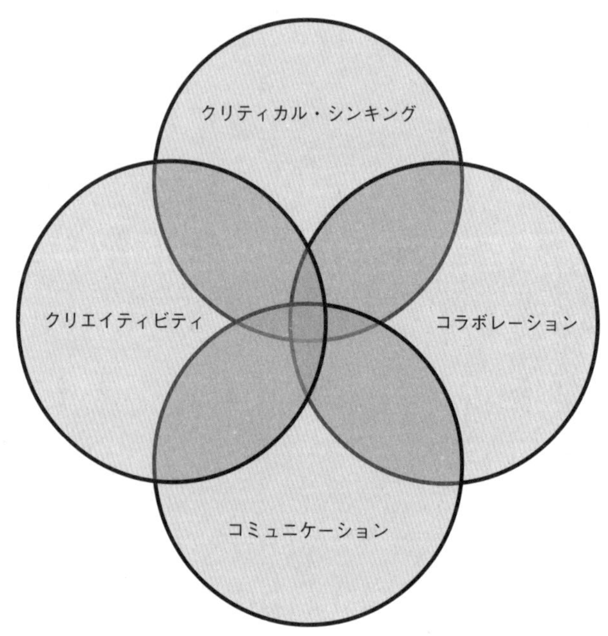

図10

は「四つのC」の一部とする定義を与えています。すなわち1. クリティカル・シンキング（Critical thinking），2. コミュニケーション（Communication），3. コラボレーション（Collaboration），4. クリエイティビティ（Creativity）で，それぞれは図10のように互いに重なり合う円として表現されます。

四つの能力はそれぞれを完全に含むのではなく，部分的重なりで表され，それぞれに与える影響があるかないか，ひと目でわかるようになっています。たとえば「クリティカル・シンキング－コラボレーション－コミュニケーション」のそれぞれの円が重なり合う部分は，社会的思考に参加するのに必要な能力が定義づけられる可能性を示していますが，どの円とも接していない外側は，個人的なクリティカル・シンキングに残された部分です。同様に，「クリティカル・シンキング－クリエイティビティ」の重なり合う部分は，仮説や実験方法を考えるなど，熟慮型の科学的な思考と関連する創造的活動が該当する可能性を示しています。一方，クリエイティビティの円のどことも重なり合っていない部分は，純粋な芸術的活動と結びついた能力に残された部分です。

その後，クリティカル・シンキングそのものに「クリティカルな視線」が向けられ，もっと広範な定義の枠組みの開発を求める声が上がりました。新たな枠組みの開発は現在も進行中ですが，こちらに関しては議論百出です。論理的思考や論証は，いわゆるクリティカル・シンキングムーブメントと呼ばれる普及運動つながりでよく引き合いに出される能力であり，新フレームワーク推進派もその重要性は認めています。ただしそれができたからといって真に論理的思考が行える人間になれるわけではなく，せいぜいその一歩を踏み出したにすぎません。これが彼らの主張です。

彼らの主張は一般に「クリティカル教育学」と呼ばれ，クリティカル・シンキング「後」の段階という位置づけが与えられています。この流派のよりどころは，ポストモダニズムや脱構築などの現代の哲学運動です。これらの運動でよく発せられる問いは，手持ちの思考ツール，とりわけ言語の限界を知ったうえで，本当に知り得ることは何か，という点です。たとえば同じ「クリティカル」という用語をクリティカル・シンキングムーブメントにかかわっている人が用いる場合と，クリティカル教育学について執筆している人が用いる場合とでは意味が違ってきます。これについて,『*Palgrave Handbook of Critical Thinking in Higher Education*（パルグレイヴ版　高等教育におけるクリティカル・シンキング・ハンドブック）』（2015年）の編者マーティン・デイヴィスとロナルド・バーネットは次のように書いています。

> クリティカル・シンキングムーブメントの理論家たちがこれまで理解していた「クリティカル」という形容詞は,「あら探し」の意味であり，主張や議論の弱点を見つけることにすぎない。彼らは思考を明確化するために論理学を用いた。対して，クリティカル教育学者の理解する「クリティカル」は「批評」であり，ある主張や信念，制度に欠如した，あるいは隠されている可能性のある意味を探り当てることである。

欠如したり，表立って見えなかったりする「意味」に隠れた権力構造や隠れた前提があり，社会や文化に制度的に組み込まれていたとしたら，隠された「意味」から思考の偏りが表れても気づくことはおそらくありません。そのためクリティカル教育学にとってクリティカル・シンカーの責務とは，この手の隠された前提を理解し，理解から得られた知識によって，背後の見えない構造をあぶり出すことになります。デイヴィスとバーネットは『*Palgrave Handbook of Critical Thinking in Higher Education*』の序文で，進化途上にあるこの広範なアプローチの定義となりうる取り組みとして，「クリティカルな行動」を挙げています。彼らの言う「クリティカルな行動」の目的は，現状をただあるがままに受け入れるのではなく，目に見えないところで働く真の力を看破する眼力(がんりき)を備えた人間に対し，身につけた知識をもとに社会改革をさらに推進するよう働きかけることです。

では，どんな前提がベールの下に隠されているのでしょうか？　本書との関連では，それはクリティカル・シンキングを育んだほとんどの学術分野と，クリティカル・シンキングを行う際に用いる思考のツールが隠れた前提になると思います。学術分野には古典哲学，近代科学，心理学が，思考のツールには古代ギリシャや前近代・近代ヨーロッパに起源をもつ論理学や論証法が当てはまります。一方，「クリティカル・シンキング」という概念発祥の地がアメリカです。では「クリティカル・シンキング」という概念の発展プロセスで，重力や物質を構成する原子の発見に匹敵するような，人間の本質にまつわる普遍的真理は明らかになったでしょうか？　そうではなくて，ある特定の文化，この場合は西洋の文化の産物にすぎないのでしょうか？　もし後者だとしたら，西洋以外の文化圏にも効果的な方法論があるかもしれず，そちらをクリティカル・シンキング教育に採用すべきなのかもしれません。ひょっとしたら私たちが日々，現場で教えている類いの論理的形式もまた文化的産物（あるいは，文化によって押しつけられたもの）であって，普遍的真理とはほど遠いのかもしれません。

このようなクリティカル・シンキングの文化的側面に関する疑問に加え，カレン・J・ウォーレンのようなフェミニストの研究者は，クリティカル・シンキングについて次のように分析しています。それは，科学に対するほかの類似した批判と同じ類いの懐疑論です。まず，クリティカル・シンキングのもつ特徴と階層的構造，「悪い」証拠と「よい」証拠を分離する方法論と推論の立て方が問題だ。つまるところそれは哲学者や科学者の団体のアカデミーが長い間，男性によって支配されてきたからであり，二項対立的発想も男性優位社会の産物にすぎないのではないか。

クリティカル・シンキングムーブメント派の多くの人は，自分たちの教授法を機械的論理や機械的論証に単純化するつもりなどまったくありません。ムーブメント派の人が何よりも大切にしているのは個人の創造性や感情，倫理感といった，機械的に扱い得ない分野です。対して，クリティカル教育学とムーブメント派の人たちの方針は政策的です。それゆえ従来のクリティカル・シンキングの手法に慣れ親しんだ人は，「クリティカル・シンキング教育がクリティカル教育学とクリティカル行動学に取って代わられるのは，果たして自然の成り行きなのか？」「それとも彼らは，どう考えるかではなく，何を考えるべきかを教え込もうとしているのだろうか？」と思ってしまうのです。

興味は尽きませんが，この話はここまでにしておきましょう。あまりに政策的だからではなく，こうした問題の考察はたちまち認識論*3的な複雑な問いにすり替わってしまうからです。それでもムーブメント派とクリティカル教育学派の議論について書かれた本を読めば，立場は異なっても使われているツールは同じだと気づかれるはずです。両者とも，主張を展開するのに用いているのはクリティカル・シンカーが使用する一般的な思考ツール，すなわち論理学と論証，説得的コミュニケーション（第2章99ページ参照）だということです。

そもそもクリティカル・シンキングは，教えることができるのか？

ここからはクリティカル・シンキングの教授法について扱います。クリティカル・シンキングの定義問題と同様，クリティ

*3 「私たちは何を知り得るとどうして言えるのか？」と問う哲学の一分野。

カル・シンキングをどう教えるかについても「そもそも論」ではなく，どうすればベストかを中心に意見が交わされています。何といってもクリティカル・シンキングの根幹には，現在の伝統的な学校のカリキュラムを構成するほとんどの教科よりも古い時代から教えられてきた学問が含まれているのです。その最たるものが論理学で，2000年以上も前から教えられています。したがってクリティカル・シンキングの教授法や学習法についても，そもそも教えることが可能かどうかではなく，クリティカル・シンキングを教えるタイミングと場面，教授法という点に絞って議論を進める必要があります。

クリティカル・シンキングを教えるタイミング

ペンシルベニア大学メディカルスクール教授フランシス・ジェンセン博士は，2015年に『10代の脳～反抗期と思春期の子どもにどう対処するか』(2015年，文藝春秋）を出版しました。ベストセラーにもなったこの著書は，神経科学の専門家として，ジェンセン博士が自身の10代の息子二人を含む，青少年の精神的成長と行動の解明に取り組んだ記録です。

ジェンセン博士は最新の脳の画像診断を使用して，脳の各部分の発達や，各部が単独で機能する場合と複合的に機能する場合とを比較しました。すると，乳幼児期に言語や運動機能といった認知能力が飛躍的に向上するように，思春期に論理的思考をつかさどる脳の領域が急成長することがわかってきました。と

乳幼児期に言語や運動機能といった
認知能力が飛躍的に向上するように,
思春期に論理的思考をつかさどる
脳の領域が急成長することが
わかってきました。

いっても，思春期に達した子どもたちの脳の質量が実際に増加するのではありません。しかし，脳の各領域の成長バランスもとれていない思春期を境に，複雑な思考と精神力をつかさどるニューロン間のシナプス結合が急速に拡大することが判明したのです。

シナプス間の結びつきによって思考能力も高まるというのが事実ならば，思春期前半から青年期にかけての子どもたちが自分の言い分を主張し，意見を戦わせることができるようになるのもうまく説明できそうです。思春期の子どもたちは作文の課題やディベート大会，夜ふかしや運転免許取得の許可を求める場面などでは実に雄弁です。ジェンセン博士の研究で明らかになった成長のアンバランスについては，子どもたちが自身の論理的思考力の高さをこれでもかと見せつけてくるのに，いざ日常生活となると，途端に賢明な判断ができなくなる理由として考えればこれも納得がいきます。

人間の脳の発達は，一言でいえばチグハグです。額のすぐ後ろに位置する前頭前野（前頭皮質）は，意思決定とセルフコントロールに関係する脳の領域ですが，25歳に達しないと系統立てた推理をつかさどるほかの領域への「配線」が完成しないことがわかっています。午前中の試験でＡ評定をとり，ディベートで自己の主張を巧みに展開した男子生徒が，放課後になると無鉄砲で愚かな行動に出たりする原因の一つは，この脳の配線問題にあるようです。

このような心理学的発見は，思春期特有の行動パターンだということを理解させてくれましたが，心理学的発見の恩恵はそれだけではありません。子どもたちに推論と論証の組み立て方を体系的に教えるのに最適な時期は思春期だ，ということも明らかにされたのです。つまり，子どもたちに生来備わっている能力が開花するのは，ちょうどこの時期だというわけです。

脳の発達研究からも，クリティカル・シンキングを教えるのに適した時期として中学から高校に通う時期がよいと指摘されています。しかし逆に，子どもたちのクリティカル・シンキング能力を引き出す最低年齢に関しては，はっきりしたことはまだわかっていません。

2013年，ある研究調査がイギリスの小学校で行われました。小学生に哲学の授業を行う実験です。その結果，子どもたちの読み書き能力や計算能力を含む成績が劇的に向上し，とりわけ低所得世帯の子どもたちにその効果がはっきりと表れました。

研究で取り上げられたのは「子どもたちに哲学を（P4C）」と呼ばれる教育活動で，「哲学的探求と思考教育振興協会（SAPERE）」が考案したプログラムです。子どもたちはこの活動で「真実とは何か？」など本格的な哲学議論や「いじめ」のような倫理的な問題をめぐる討論を行いました。このような討論を平均週1回のペースで，数カ月間にわたって繰り返したのです。子どもたちの指導に当たったのは，P4C教育メソッドの研修を受けた教員でした。

P4Cプログラム実験には，約50の小学校の生徒3000人以上が参加しました。研究報告書には「子どもたちが率先して疑問を投げかけ，推論を立て，推論に基づいて論証し，ほかのクラスメートと助け合うことができるようになった」という報告と，P4Cの目的が次のように書かれています。「哲学討論を毎週行ったことと，国語や算数といった教科成績が上がったこととの因果関係はよくわかりません。ただ，主張をはっきりと伝え，ある信念を支持する理由を見つけたり明確に述べたりするといった哲学的方法論が，国語や算数などの教科を教える側とそれを学ぶ側それぞれに好影響を与えたことは間違いありません。少なくとも多種多様な生徒たちに好結果をもたらしたのは事実であり，この事例からしても，クリティカル・シンキング教育を小学校低学年から開始するのは決して無理な話ではありません。また，幅広い層に哲学を普及させる活動を行う社会哲学者にとっても，この活動は一つの目標になることでしょう」

その後行われた研究でも，学年に応じたやり方でクリティカル・シンキング教育を行えば，小学校から中学校のうちにクリティカル・シンキング能力を高めることは可能だと裏づけられています。学年別指導の効果については，全米共通学習基準国語技能（コモン・コアELA）などの重要な教育指針，そしてアメリカのほぼすべての州の数百万の生徒を対象とした数学の共通基準の策定にも活かされています。いずれも，学年に応じた学習進展度に対する理解が進むことを考慮して考案された学習基準なのです。

たとえば，作文技能を測るコモン・コアELAライティングスタンダードは，小学5年までに自分の意見を文章にまとめられるようにすることからスタートします。続く小学6年から高校卒業までに，主張を論理的に展開する論説文が書けるレベルを目指します。論証における論理構造の理解と，論証を支える根拠の評価も学年が上がるにつれて難度が高くなり，高校の最終学年時のコモン・コアELAライティングスタンダードレベルは次に示すように，非常に高度になります。それは，大学レベルのクリティカル・シンキング課程の習熟目標と言ってもいいくらいです。

> ……正確な知識に裏づけられた主張が提案できること。次に主張の正当性を立証し，代案もしくは対立意見との差別化が図れること。そして（複数の）主張と対立意見，前提，根拠を論理的に配置できるようになること。

以上，小学校から高校までの学習基準と教育アプローチに関して述べてきましたが，クリティカル・シンキングをどう教えるかについては課題がまだ残されています。それは，クリティカル・シンキングを小学校から高校までの公教育と，短大や大学などの高等教育それぞれのカリキュラムにおいて，どの段階でどう指導すればよいのかという問題です。

クリティカル・シンキングを教育課程にどう組み込むべきか？

まず，高等教育のカリキュラムにおけるクリティカル・シンキング課程について。アメリカの短大や大学では，学生はそれぞれ選択した科目以外に一般教養科目の授業や補習コースを受けたりしますが，クリティカル・シンキングは多くの単科大学や総合大学で専門課程において採用されています。カリフォルニア州の各州立大学では，1983年に全学生に課されたクリティカル・シンキング履修義務が今なお活きています。このカリフォルニア方式は他州の州立大学に普及しなかったとはいえ，この方式が呼び水となって，クリティカル・シンキングを高等教育に導入する動きはアメリカ全土に急速に広がっていきました。そして大学のクリティカル・シンキング課程はすべてではありませんが，ほとんどの場合，哲学科で教えられています。

一方で，小学校から高校までの公教育では，クリティカル・シンキングに特化した課程を設置するのは難しいでしょう。そこで，クリティカル・シンキングのみを指導する授業の代わりに，作文，理科，歴史などの科目にクリティカル・シンキングの指導を組み込むケースが考えられます。これは専門科目の教師が，科目に適したクリティカル・シンキング能力を学習中の内容と統合して生徒に教えることで，クリティカル・シンキング能力も同時に身につけてもらおうという作戦になります。たとえば前述の論説文を書くためのELAライティングスタンダードに沿って，生徒が個々に興味のあるテーマについて書く方法を指導すれば，生徒はそれぞれのテーマを論理的に展開し，根拠に対してよしあしの判断がつくようになります。同じ手法は理科（サイエンス）の授業で，科学的方法論を教えるときにも使えます。ここでも教師は教科学習とクリティカル・シンキング教育とを組み合わせ，仮説を立て，それを検証する作業が，理科以外のどんな研究にでも応用可能な点を生徒に示すことができるようになるでしょう。

クリティカル・シンキングを授業のどの場面に組み込むかは通例，教える側の都合ではなく，実用面を考えて決められます。単科大学と総合大学の場合，特定分野に特化した選択科目という形で教えることができます。しかし，公教育の場合は国語（英語），数学，理科，社会科などの一般教科中心のカリキュラムであり，さらには学年ごとに学習基準に準拠した授業を行うようよりいっそう求められているため，クリティカル・シンキング教育が導入できる余地が限られているのが現状です。

1989年，イリノイ大学教育学部哲学科のロバート・H・エニス教授は教育者と研究者に対し，クリティカル・シンキングを専門に教える課程を新たに設置するか，既存の課程に統合するかの二者択一的な考えは捨てるべきだと提言しました。代わりにエニス教授は，クリティカル・シンキング教育の枠組みを提案しました。それは「一般型」「注入型」「没入型」「ミックス型」の四つからなる指導法を柔軟に組み合わせることができる枠組みです。

「一般型」アプローチはクリティカル・シンキング能力と「個人の特性」について，既存科目とは切り離して教える方式で，クリティカル・シンキングを教えるのが主な目的になる。

「注入型」は，科目別授業でクリティカル・シンキングを教える手法になる。生徒に深い理解を与えることができるよう入念な調整を経た指導法であり，科目授業と並行して生徒をクリティカル・シンキングへと誘導する。このとき，クリティカル・シンキングに必要な能力と資質の一般原則をはっきり示して教えること。「没入型」も同様に生徒の思考を引き出すタイプの指導法だが，こちらの場合は生徒が教科学習に集中的に取り組み，クリティカル・シンキングの一般原則は明示されない。

「ミックス型」は「一般型」「注入型」「没入型」のいずれかを組み合わせた手法になる。

この四つの枠組みで考えると，大学で教えられているクリティカル・シンキング課程は「一般型」ということになりますが，公教育における教科学習へのクリティカル・シンキング指導の組み込みは明示的（注入型）だったり暗示的（没入型）だったり，その組み合わせ（ミックス型）だったり，いろいろな場面でのアプローチが考えられます。

この四つの枠組みについて，エニス教授は次の点を強調しています。「教える科目には，すでにクリティカル・シンキング的要素が含まれている場合がよくある。したがって，クリティカル・シンキングのみを教えるスタンドアロン方式（一般型）のほうが，『注入型』や『没入型』『ミックス型』といった既存教科組み込み型のクリティカル・シンキング指導法より優れているというわけではない」。また教授は，「クリティカル・シンキングは分野が変われば教え方もがらりと変わり，そのため科目の違いを超えて適用できるのは『没入型』しかない」とする考え方にも次のように反論しています。

> クリティカル・シンキングには，分野の壁に関係なく通用する共通要素も多い。たとえば利害の対立点があれば，その情報源の信憑性は損なわれるとか，必要条件と十分条件を区別する重要性などだ。これらはどの分野でも認識が一致している。分野ごとの差異は確かにある……それでも，すべての分野に当てはまるとまでは言わないが，たいていの分野で適用できる共通の基本原則がある。

他分野への「学習の転移」

前述の四つのアプローチのどれをとればよいかという問いは，同時にクリティカル・シンキング教育の重要目標の一つである他分野への「**学習の転移**」とも関連しています。「学習の転移」とはある教科で学び，習得した知識を別の教科や学校以外の生活場面に適用する力です。

「これこれを知っておけば学校の外でも役に立ちます」と教師が言えば，それは教室で教えた知識や能力が他分野でも適用可能だということを意味しています。子どもたちがそのような知識を学校で習得したならば，この先さらに研究を進めたり，就職したりするときに有利に働くでしょう。

ここ数十年，教育の優先順位がSTEM科目（科学，技術，工学，数学）へと移行するにつれて，文系や社会科学系科目の教師たちは，「学習の転移」が可能なクリティカル・シンキング能力を高める手段を生徒に提供しているのは自分たちだと主張するようになりました。ライティング担当の教師に言わせれば，自分が生徒に教えるのは一編の小論をそつなく書き上げることではなく，生涯を通じていろいろな場面で応用の効く文章力と思考力を鍛えること。歴史の教師に言わせれば，生徒がそれぞれの立場から健全性のある根拠と論理的に導き出した推論を立てて意見を主張できれば，教室の外の世界でも，意思決定や他者を説得するのに欠かせない能力になるということです。

こうした文系教師たちが「学習の転移」主張でほのめかしているのは，ライティングやディスカッションといった特定の学習活動を通じ，クリティカル・シンキングの一般的な能力はすでに教えているという点です。つまり論理や論証の構成，証拠の評価，説得的コミュニケーションなどのクリティカル・シンキング能力を，エニス教授の言う「注入型」で明示的に，あるいは「没入型」で暗示的に指導している，というわけです。しかし，ここで二つの疑問が出てきます。一つ目は，この種の転移能力を「注入型」アプローチで生徒に身につけさせようとしている教師自身,注入型アプローチによる明示的クリティカル・シンキング指導に十分な訓練と経験を積んでいるのか。二つ目は，「没入型」アプローチの場合，天性といえるほどの推論に用いることができる思考ツールに熟達した生徒は，慣れ親しんだ科目の授業に集中しているだけでクリティカル・シンカーになれるのかという疑問です。

同じ疑問は，数学や科学の教師についても当てはまります。彼らもその気になれば，自分たちの教科でも，生徒のクリティカル・シンキング能力に磨きをかけることは可能だと反論できるからです。たとえば一般的に，子どもたちが論理的な論証を初めて経験するのは,数学で教わる幾何の証明です。とはいえ，いったいどれだけの数学教師が授業中，結論を支持する理由を与える前提が，演繹法に基づかない数学的ではない論証にも適用可能なことを教室で教えているのでしょうか？　同様に，いったいどれだけの理科の教師が,自分たちの教える方法論が,理科特有のすべてが管理された実験以外にも通用可能な点を強調しているでしょうか？

極端な例を挙げれば，たとえば，大学に進学するかどうか？どの学部，どの大学を選ぶか？　さらには，選挙ではどの候補者に一票を投じるべきか？　などの意思決定をするときにも，クリティカル・シンキングで学習したことを「転移」できると教えているだろうか？　という疑問です。

以上，「学習の転移」が可能なクリティカル・シンキング能力は教科指導を通じて教えられるという例を見てきました。ここから次の問いが頭に浮かびます。では，クリティカル・シンキングを教えるにはどうすればよいのか？　ということです。

クリティカル・シンキングをどう教えるか

エニス教授がクリティカル・シンキングの四つの枠組みを提案した論文の副題は，「解説と，今後必要とされる研究」です。論文は，自身が考案した四つの指導法で最も効果的なのはどれかを判定してもらうための大胆な研究課題の提案で締めくくられています。エニス論文が発表されて30年の間，さまざまな研究調査が行われてきました。それらはクリティカル・シンキング教育の実践に関する数百とは言わないまでも，数十の研究であり，クリティカル・シンキング教育の傾向と知見を知る「メタ分析」を行うのに必要十分な蓄積のものです。

その一つに，クリティカル・シンキング能力改善のための117の「介入（インターベンション）」事例結果を検討した研究があります。研究に参加したのは小学校から高校の生徒，および社会人学生の合計２万人以上。対象となる年齢も文化も教科も学生や生徒の質もバラバラ，クリティカル・シンキング学習で効果を上げたもの，そうではないものとの区別もまた判然としていません。それでも分析結果に表れたデータには重要な知見が示されており，とりわけ次の報告は注目に値しています。

> 四つのCT（クリティカル・シンキング）指導法のうち，最大の効果を上げたのが教科の授業と並行して，CTはCTとして教える「ミックス型」だ。それと反対にほとんど効果が見られなかったのが，授業の副産物的な「没入型」だった。中程度の効果が観察されたのは，CT能力が授業の目的として明示される「一般型」と，CT能力が授業内容の一部として明示される「注入型」だった。

またこの報告では教員養成に関しても大きな改善が見られたとして，次のように記されています。

> CT能力を生徒に教えるうえで最大の教育効果を発揮したのは，教師に高度な特別研修を受けてもらうか，授業運営報告と，教師自身のCT能力教育経験の報告を求めるという「学校側の介入」が入ったときだ。反対に効果がまったくといってよいほど認められなかったのは，学習目標に生徒のCT能力向上を挙げておきながら，教師の授業運営能力の開発や，入念な授業計画と実践に取り組まないケースだった。

これは，イギリスの小学校で成功を収めた「P4C」プログラムの実験例を完全に裏づけるものです。「P4C」の場合，教師は授業に哲学教育をどのように導入するかに関して綿密な研修を受けていました。同時に，上記の大規模なメタ分析結果からは常識的な，ごく当たり前の事実も示されています。すなわち教師は（1）教える科目をただ学生に触れさせるのではなく，積極的にかかわらせるようにする。（2）あるテーマを教えるとき，テーマに関する「背景の知識」（ここでは特にクリティカル・シンキング関連）と，「クリティカル・シンキングを教えるにはどうすればよいか」に特化した教授法に精通していること。この二つが必要です。

また，学校教育を通じてクリティカル・シンカーの育成に取り組む場合は，広く意見の一致を見ている理念も考えなくてはなりません。それは前章でも書いたように，クリティカル・シンキングは単純な学習コンテンツではない，ということです。それは三つの互いにつながり合う要素，つまり「背景の知識」「運用の能力」「個人の特性」があって初めて身につく思考力です。クリティカル・シンカーになるというのは，単に論理学や論証に長けているということではありません。そうした知識が日常的に活用できるようになって初めて，クリティカル・シンカーになったと言えるのです。

クリティカル・シンカーになる
というのは，単に論理学や論証に
長けていることではありません。
そうした知識が日常的に
活用できるようになって初めて，
クリティカル・シンカーになった
と言えるのです。

「意図的な練習」の必要性

第1章で，クリティカル・シンキング教材開発に携わった個人的経験に触れました。これは2012年のアメリカ大統領選を叩き台にして，論理的な推理力や論証，レトリックといった技能を教える教材ですが，開発時に授業に割り当てられた時間があまりにも短いことに驚きました。こちらにはメディアリテラシーや情報リテラシー，感情や誤った論法から生まれる偏った思考など，一から教えなくてはならないテーマが山ほどあるというのに。論証マップ作成技法を高校生に教えるための授業プログラムの作成にかかわっていたときも，似たような経験をしました。しかし，生徒がクリティカル・シンキングを学ぶ場合には概要の説明より，論証マップの作成演習のほうにもっと時間を割かなければなりません。とりわけ「**意図的な練習**」と呼ばれる方法論に基づく大量演習に重点を置くべきです。

繰り返し演習が必要な理由は，現実社会でクリティカル・シンキングが用いられる可能性のある状況が複雑多岐にわたっている点を考えれば明らかです。確かに，ほんの数分あればワークシート問題のような単純な論証を，三段論法や論証マップに変換することはできます。「正しい解答」が最初から用意されている問題であればなおさらです。しかし現実の議論は，定義そのものが不明確であやふや。簡潔にして明瞭という場合はまずありません。新聞の論説記事，広告，討論会にも，複数の主張が含まれている場合があります。それぞれの主張の論点は根拠の確かなものや，不確かなものが入り混じり，方向性もバラバラです。そのようなとりとめのないやり取りから隠れた論理構造を見抜くには，不要な枝葉を取り除く論理形式への置き換え作業と，論点の本質を取り出す思考プロセスが必要になるはずです。相手の論点の理解と評価がその場でできなければ，改めて検証作業が必要になってくる場合もあります。こうした作業は確かに時間がかかります。しかしこのプロセスこそ，ますます複雑化する社会状況に対し，クリティカル・シンキングという思考ツールを適用する訓練になるのです。

優れた思考力を身につけるには，どれくらいの時間を「意図的な練習」に割り当てなければならないでしょうか？　オーストラリアの研究者ティム・ヴァン・ゲルダーが，一つの答えを示しています。「意図的な練習」の提唱者K・アンダース・エリクソンとニール・チャーネスの研究を土台にして，ゲルダーは以下のように述べました。

> エリクソンがさまざまな分野で習熟度が最高度に達した事例を調べると，「意図的な練習」の量との強い関連性が認められた。さらに興味深いのは，分野を問わず，最高レベルの習熟度を獲得するために必要な練習時間が共通している点だ。それは毎日約4時間の練習を約10年間，合計で1万時間以上続けることだった。
>
> 　エリクソンの研究はクリティカル・シンキングに特化

したものではないとはいえ，研究から得られた結論をそのままクリティカル・シンキングに当てはめても差し支えないように思われる。彼の研究から言えるのは，オーストラリアの学生も意図的な練習を大量に行えば，クリティカル・シンキング能力を最大限に高められるということだ。これは，あるテーマに関してクリティカルな思考ができるというだけではない。たとえば，哲学の小論文を書く際に「クリティカル」な姿勢で臨むようになれるなど，幅広くさまざまな場面でクリティカル・シンキング能力が活きてくる。そのような特別な演習の目的が，クリティカル・シンキング能力そのものの底上げになる点が決定的であり，重要なのだ。

クリティカル・シンキングのトレーニングを1万時間も積めば抜群の思考力のもち主になれるかもしれないし，最も厳しい要求を課すクリティカル・シンキングの専門課程以上の能力が身につくかもしれません。しかしクリティカル・シンキングの専門課程以外の科目の場合，一般教養的思考と専門分野的思考とのバランスが求められるため，集中的な演習など望むべくもありません。そこで専門学科でも総合学科でも，クリティカル・シンキングの概要的説明と演習を通じて，学生が自主的に「意図的な練習」を継続する動機づけが必要になってくるだろうと思われます。これは，意欲ある陸上競技のアスリートが毎日休まず心身の鍛錬を続け，フィールドの状況に柔軟に対応できるコンディションづくりを行う「自主練習」と同じことです。

いや，むしろ「意図的な練習」はスポーツというより，マーシャルアーツと言うべきでしょう！　マーシャルアーツには，ほかのスポーツにはほとんど見られない特徴があります。その特徴とは，目的をもった長期間の練習による習熟度を測る明確な段位制度です。イーロン大学のアン・J・ケイヒルとスティーブン・ブロク＝シュルマンは，武道スタイルの習熟度認定にヒントを得て，高等学校の論証に関する教材にこの「マーシャルアーツ道場方式」を導入しました。

［マーシャルアーツ道場方式による］授業では到達度の評価が連続的であり，各段階において生徒・学生は，前段階で獲得した「帯」で認定された実力を維持しているかを証明する必要がある。ここで肝要なのは，良識ある「センセイ」は，努力の度合いで帯を授けたりしないということだ。ある段位の要件を満たすためにいくら頑張ったからといって，「努力点」のゲタを履かせるわけにはいかない。効果的なパンチを繰り出せるかどうかが重要なのだ。

私たちはマーシャルアーツ式教育で得られた知見を活用して，よどみなく自説を展開できる能力を生徒・学生に身につけさせるという目標を立てた。その趣旨は，論証を理解，評価，構築する能力の養成と，そうして身につけた能力と習慣と資質を幅広い場面へ応用できるようにすることだ。

アイオワ大学の哲学の元教授ケヴィン・デラプランは，クリティカル・シンキングとマーシャルアーツの鍛錬との類似性をより積極的に活用しています。デラプランは自ら立ち上げたオンライン講座シリーズ「クリティカル・シンカー・アカデミー」を通じて，広く一般の人にクリティカル・シンキングを教え，それを自身のライフワークにしており，最近では「議論ニンジャ」と呼ばれる新講座の開発にも取り組んでいます。

デラプランの「議論ニンジャ」は，従来方式のクリティカル・シンキング教育で教わるような論理的思考能力と，議論の相手との接し方，とりわけ意見が割れたときに相手をどう説得するかという心理学的知見に，マーシャルアーツ式指導法を取り入れています。またクリティカル・シンキング教育と実践のほかに，「帯」段位の開発も進められています。受講生はこの独自の段位システムを通じて，自分と他者それぞれにおける明瞭で客観的な推論能力を阻害するバイアスや心理的要因を第三者の目で客観視する能力，すなわちメタ認知を学ぶことができます。

デラプランの狙いは，「合理的説得者」の育成にあります。すなわち，講座修了生が説得的コミュニケーションツールを用いて，健全性があり，だれもが納得のいく，異論の余地のない合理的な（理想を言えば，倫理的でもある）議論を展開できる人間になること。ここでも，本書で再三取り上げてきたクリティカル・シンキングの三要素が含まれています。「背景の知識」「運用の能力」「個人の特性」です。最後の「個人の特性」でクリティカル・シンカーに求められるのは，探究心や粘り強さ，知的謙遜と知的な勇気などの知的美徳です。これはほかの美徳と同じく，従来型の授業で教えるのは難しかったりしますが，柔術やチームスポーツ，ボーイスカウト活動に参加したことがある人ならば，だれしもなじみがあるものばかりです。

クリティカル・シンキングと「不良定義」問題

クリティカル・シンキング教育の研究は現在も進行中ですが，過去に行われた研究から，以下のような知見を引き出すことができます。

・クリティカル・シンキングに関する知識は，クリティカル・シンキング専門課程であれ，他教科の授業内容に組み込まれる場合であれ，明示的に教えたほうがよい

・クリティカル・シンキング的要素を授業に取り入れたいと考える教師自身も，授業に即した形のクリティカル・シンキング能力と指導法の研修を受ける必要がある

・クリティカル・シンキングをほかの教科授業へ組み込む場

合，クリティカル・シンキング的思考術を同時並行的に教える。履修スケジュールから切り離した別枠の1コマあるいは2コマの授業に押し込むのは好ましくない

・生徒には，「意図的な練習」によって学んだことを応用する有意義な機会を与える

いずれもすべて一般原則ですが，たとえば「探究型」学習や「プロジェクト型」学習のように，クリティカル・シンキング教育に応用可能な，あるいはすでに実践例のある画期的方法も複数あります。前述の，段位型の議論力養成講座は新奇な試みに思えますが，こちらもまたすでに広く利用されているコンピテンス基盤型教育（CBE）などの教育法の要素が採用されています。コンピテンス基盤型教育とは，「座っている時間」の長さや，各州で実施される学年末の総まとめテストの成績ではなく，明確に定義された学習目標が本当に達成されているかどうかの判定に重点を置いた教育法になります。

以上，述べてきた教育法は，一般的に用いられる場合とクリティカル・シンキング教育で用いられる場合とでは，ある点が異なります。それは，クリティカル・シンキングには「不良定義問題」と言われるものがつきものだ，ということです。不良定義問題とは容易に答えの出ない問題，正確な解答も不正確な解答ももたない問題のことです。クリティカル・シンキングで

考えなければならないのはこの類いの「難題」についてです。

正答と誤答の区別がはっきりしている試験問題やワークシートの練習問題は客観的評価が可能ですが，不良定義問題の答えは何通りもあり，明白な解答がない場合もよくあります。答えにはそれぞれ長所と短所があり，答えの選択には主観や倫理的ディレンマの入り込む余地がどうしてもできてしまいます。しかし学生や生徒が教室のなかだけでなく，日々の生活で直面するのは，このような答えの容易に出ない複雑な問題です。このような場面で確かな情報を得て真実を探りだし，合理的でよく練り上げられた判断を下せるようになるためには，クリティカル・シンキング的思考法が求められます。

こうした不良定義問題を考えると，人間の学習プロセスに初めて心理学的洞察を行ったジョン・デューイが再び想起されます。不良定義問題に触れた子どもたちの心にはまず疑問が生まれ，それからその疑問はしだいに好奇心へと発展していきます。デューイのプラグマティズム哲学によれば，人間はこうした疑問の解消に躍起になりがちです。現実世界には明白で簡単な答えのないケースがいくつもある点を考えれば，何が正解で何が間違いかが判然とせずに疑問が次々と湧いてくる，答えが何通りもある不良定義問題が，学ぶ側の興味関心をそそるケースも少なくないと言えるでしょう。もしそうなら，クリティカル・シンキング教育を成功させるカギは子どもたち自身がもっている，疑問を解消しようとする意欲をいかに活用するかにあると言えそうです。そのような教え方ならば，子どもたちの知的生産力は向上し，問題の裏に潜む真理と言わないまでも，賢明な選択肢へと至る道筋をつけることができるでしょう。

解答が何通りも存在する不良定義問題はどこにでもあるという事実は学ぶ側からすれば，どんな分野にもこの手の難問はいくらでもあるということです。しかし，このような不良定義問題のもつ性質と，クリティカル・シンキングのもつ多面性からは，クリティカル・シンカーを育てるというアカデミックな目標に関する別の重要課題も浮かび上がってきます。それは「クリティカル・シンキング能力の計測は可能か？」という問題です。特に現代はクリティカル・シンカーの育成が急務であり，今教育にはそれが求められています。

クリティカル・シンキングの評価は可能か？

不良定義問題にも柔軟に対応できるクリティカル・シンカーを育成するためには，クリティカル・シンキング能力を測定する基準が重要です。

世界各国の大学や企業の就職試験で広く採用されているのは民間の専門団体が作成したクリティカル・シンキング評価テストで，その多くはすでに本書でも触れた研究者らによって開発されたものです。

そのような研究者としては，まず「ワトソン－グレーザークリティカル・シンキングテスト」の共同開発者エドワード・

グレーザーが挙げられます。グレーザーは，クリティカル・シンキングに多面的な定義を与えた最初期の研究者の一人です。次に，ピーター・ファシオンです。ファシオンは，デルファイ法による調査で，クリティカル・シンキングの共通定義開発を探る研究を主導し，デルファイ調査から得られた共通定義に基づく「カリフォルニア州クリティカル・シンキング技能試験（CCTST）」の策定に加わりました。デルファイ調査とは，集団の意見を集約し共通性を見いだす手法です。またファシオンと彼の同僚は，クリティカル・シンキングに占める「個人の特性」を測る「カリフォルニア州クリティカル・シンキング特性一覧（CCTDI）」というアンケート形式の評価法も考案しています。これはデルファイ調査を含む研究で，オープンマインドネスや探究心などの知的美徳の重要性が明らかになったことを受けて開発された評価法です。オープンマインドネスとは，前章でも説明している通り，文字通り心を開き，他者に対しても興味を示すことができる「偏見のない心」のことを言います。

評価テストには，ほかにも「コーネル版クリティカル・シンキングテスト」「ヘルパーン クリティカル・シンキング評価法」「エニスーウィア クリティカル・シンキング小論試験」「大学生学習評価（CLA，CLA+）」があります。評価法にはそれぞれ重視するポイントや形式面の相違があるとはいえ，一部の研究によれば，評価判定のかなりの部分で重複が見受けられるようです。ほかの専門技能テストの例を挙げると，アメリカのロースクール出願の際に受験が義務づけられている「ロースクール入学試験（LSAT）」があります。「LSAT」には，一般分野と専門分野それぞれにおける論理的思考力を問う設問が含まれています。

さらには，次のように言っても差し支えないでしょう。大学レベルで教えられている一般的なクリティカル・シンキング課程には小テストや試験，レポート，その他の評価法が含まれています。すなわち，クリティカル・シンキングを評価するさまざまな尺度が生み出され，適用されている現場は教室であり，小学校から高校までの公教育でもそれは同じです。生徒に課される教科別テストやレポートには，論理的に「妥当な論証」と根拠の確かな証拠に基づく説得力のある小論文を書く能力のような，高度な思考力がすでに含まれています。

このようにクリティカル・シンキング能力を測る試みは実にさまざまで，その一部は長年，この分野を研究したり教えてきたりした研究者らによって行われてきました。これは，クリティカル・シンキング能力の評価は，やはり可能だということを示唆していると言えます。しかし，それは実際に効果を上げていると言えるのでしょうか？

クリティカル・シンカーに必要な三つのツール，すなわち「背景の知識」「運用の能力」「個人の特性」を学生や生徒がもっているかどうか，あるいは学校教育を通じてこの三点セットをしっかり身につけさせることは可能か？　クリティカル・シンキング評価法は，その判定にどれだけ有効か？　これらの問い

クリティカル・シンキング能力を測る
試みは実にさまざまで，その一部は
長年，この分野を研究したり
教えてきたりした研究者らによって
行われてきました。
これは，クリティカル・シンキング能力
の評価は，やはり可能だということを
示唆していると言えます。しかし，
それは実際に効果を上げていると
言えるのでしょうか？

については，クリティカル・シンカー三点セットの一つ，「背景の知識」が理解の助けになってくれるはずです。

クリティカル・シンキング専門テストの開発について

クリティカル・シンキング評価の特質と有効性に関する質問に答えるために役立つ特定の「背景の知識」とは，科学的手法を用いて統一された規格の試験問題を作成する方法です。そのようにしてつくられた試験問題は，教育機関や資格免許試験，民間の重要試験などに提供されています。

専門テスト開発のスタートは，問題作成から始まるのではありません。リサーチと，測るべき技能に焦点を合わせた問題内容の決定から着手します。では，水泳のテストを例に挙げてみましょう。テストを受ける者は，プールに飛び込んだら後は何をしてもよいわけではありません。規定タイム以内に正しい泳法で泳いだり，立ち泳ぎをしたりするなど一連の決められた泳法を実行して，泳力判定を受けるのです。この場合の判定基準は，定められた泳力があると認められる「一連の動作」が含まれているかどうかになります。

一般的な統一規格による学力テストの場合，学年別に学習内容の到達度を調べる構成になっているのが通例です。テスト内容は，教科ごとに定められた州や地域，全国共通の学習基準に準拠した学習目標の達成度だったりしますが，テスト内容が学力向上に必ずしも貢献しているとは言えません。大学進学適性試験（SAT）と，アメリカンカレッジ・テスト（ACT）の場合を考えてみましょう。どちらもアメリカ国内の大学進学希望者に課される民間の入学資格試験で，英語と数学の能力が証明できれば合格も可能なことをうたい文句にしています。試験作成者側は過去数十年，独自調査でこの相関関係の正しさを立証しようとしてきたものの，入学希望者にこの種の統一テスト受験を求める大学が少なくなっているのも事実です。これは見ようによっては，大学側の業者に対する不信感の表れとも言えるでしょう。

クリティカル・シンキングの定義には，完全な意見の一致がありません。どんな科目であれ，同じテーマを異なるやり方で教えることは常套手段です。共通の定義がないからといってただちにクリティカル・シンキング教育全般に悪影響を及ぼすものではありませんが，クリティカル・シンキング能力の判定テストを作成する場合は，数ある定義からどれかを選んで試験内容を考えることになります。

たとえば「ワトソン－グレーザー クリティカル・シンキングテスト」（以下，「ワトソン－クレーザー」テスト）は，クリティカル・シンキングを「ある状況を多角的観点から明確に理解するとともに，事実を意見や仮説から切り離して思考できる能力」と説明しています。そして，この定義に基づく「ワトソン－グレーザー」テストの関連文献には「仮説と事実を切り離す能力，論証の評価力，論理的結論を導く能力」と表現されています。

同じく前節で言及した「カリフォルニア州クリティカル・シンキング技能試験（CCTST）」は，ファシオンらの行ったデルファイ法による調査から得られた定義をもとに，クリティカル・シンカーに必要な「背景の知識」「運用の能力」を分析，解釈，推論，評価，説明，演繹，帰納，数量的思考（数値に置き換えて考える力）に細分化した結果に基づいて開発されています。このように専門家監修型のクリティカル・シンキング能力測定試験では，試験内容に即した定義をもとに，それぞれの試験問題が作成されています。

試験問題のプランニングもやはりリサーチから入り，文献調査や，各分野の専門家の助言を仰ぐのが通例です。この段階での目的は，試験の「青写真」を描くこと。どの知識やスキル，能力（それぞれの頭文字をとってKSAsと呼ばれます）を問うテストにするかなど，内容を具体的に詰める作業のほかに，試験の実施方法（筆記試験かオンライン形式か）や試験時間，実施費用などの運用面が検討されます。リサーチとプランニングが終わってから，ようやく試験問題の作成が開始されるのです。

試験で計測する知識・スキル・能力はそれぞれに異なるため，適した問題形式を選ぶ必要があります。たとえば，個性や行動特性を評価する試験であれば，調査形式問題が多用されます。それは受験者自身による自己回答方式だったり，場合によっては外部評価方式で実施されたりします。

「はい／いいえ」式の設問は**選択回答方式**と呼ばれ，多数の選択肢から選ばせる設問（多肢選択式問題）が最も広く採用されています。なかには選択肢の組み合わせを回答するものや○×方式の正誤問題のような変形タイプもありますが，こちらも同じ部類に入ります。

選択回答方式問題は，採点の自動化などの省力化やさまざまな設問形式に柔軟に応用できる一方，かなり高度な設問に対応することも可能です。たとえば多数の選択肢が用意された問題に文章の抜粋やマルチメディアなどの複雑な**表示物**を示して，そこから得られる情報を統合したり計算したりしなければ正しい選択肢に到達できないようにする，という設問形式です。

ときには問われている内容が複雑多岐にわたり，個別の設問では対応できないケースが出てきたりします。このような場合は，「パフォーマンス評価課題」と呼ばれる尺度が必要になります。これは受験者にあるタスク実行を求め，その実行結果をさまざまな基準に照らして評価する手法です。最も一般的なパフォーマンス評価課題は自由英作文ですが，「成果物」と呼ばれるほかの作業成果も評価基準になります。同様に，スピーチのような表現活動も評価対象になり得ます。また，一部のパフォーマンス評価は採点の自動化もできます。たとえばソフトウェア運用能力ならば，ソフトウェアのシミュレーションツールやアプリケーション上で判定が可能となります。

一般的に，試験内容の複雑さと試験問題の拡張性は異なるものです。統一学力テストや大学入学試験のような広く普及した試験形式には，効率的な多肢選択式が多く採用される傾向にあります。逆に，民間のクリティカル・シンキング評価テストでは試験内容の複雑さから，解答構築式と呼ばれる設問が多用されます。多肢選択式に類似したこの設問によって，推論の生成と評価，利用可能な証拠から結論を導く能力が判定されます。「ワトソン－グレーザー」テストの設問例を見てみましょう。

10代前半の生徒200人が先週末，中西部のある都市に自発的に集まり，生徒会議を開いた。議題は，人種間関係や恒久的世界平和を実現する手段について。この二つの議題が選ばれたのは，今日の世界を左右する最も重要な問題だと生徒たちが認識したからである。

推論1

集会に参加した生徒は，ほかの10代前半の子どもたちより，広く社会問題に強い関心をもったグループである：

真

おそらく真

データ不足

おそらく偽

偽

冒頭の問題文に，読解する必要のある短い描写文が含まれている点に注目してください。クリティカル・シンキング評価テストにはこのような表示物がよく使用され，受験者は与えられた証拠から結論を導き出すことが求められます。文章だけでなく，いろいろな要素を組み合わせた表示物を見て解く形式の問題もあります。こうした表示物を選択式問題に加えることで，情報の統合など高度な思考能力の判定ができるようになっています。

「個人の特性」を測定するテストの場合，アンケート方式の設問が多用される傾向があります。たとえば，以下のような記述にどの程度賛同するかが質問されます。

・「私は自力で答えを出すことが求められる仕事では，いつも他人よりうまくやっている」

・「私はとことん考え抜いて選択肢を決定するまで，判断を先送りにする」

・「私は，たとえ後になって拒絶したとしても，他人の意見の長所を見るよう努めている」

このようなアンケート式評価では，設問数がかなりの数にのぼる傾向があります。それは，似たような特性を異なる視点から問い直したり，受験者が正直に自己診断していなかったりする場合を想定した設問などが含まれているためです。

パフォーマンス評価方式の場合，受験者に課すのは自由解答式問題のため，相互に複雑に連携する能力の評価がしやすくなります。たとえば，クリティカル・シンキング能力のパフォーマンス評価テストとして著名かつ評価が高い「大学生学習評価（CLA＋）」では，用意された一連の題材をもとに小論文を書くことが求められます。テストなので制約があるとはいえ，テスト問題でしかお目にかからないような論証の分析と検証を求める多肢選択式問題より，小論文方式ははるかに自由度の高い出題形式といえます。

専門テスト開発の最終段階は，「**妥当性の検証**」です。これは，作成したテストが本来の狙い通りの内容を正確に評価しているかどうかの検証になります。忘れてはならないのが，この検証を経なければ，テストそれ自体は妥当性があるとは言えないということです。テストの妥当性は通常，複数の手段を用いて収集した証拠で決まります。検証手段にはその道の専門家による試験内容の判定や同様の知識，一連の能力を測る別の評価方式との比較テストの結果が使われたりします。また重要試験の場合は通例，受験者を人種，性別，年齢に基づいて不当に差別していないかどうかの検証と分析も追加されます。

効果的なクリティカル・シンキングテストとは？

統一学力テストにはよくある話ながら，クリティカル・シンキング評価テストも以前から批判にさらされてきました。

たとえば自己記入方式の評価の場合，故意にせよ不注意にせよ，記入者本人が「ウソ」を並べたてたり，自身の能力を過大評価したりできるから，額面通りに受け取るわけにはいかないという批判が寄せられることがあります。しかし，どんな調査も似たりよったりです。初めて実施されてから100年は経過している，国勢調査もその例外ではありません。国勢調査は重要な社会学的研究の基礎となるにもかかわらず，有色人種市民に関する集計データを過小報告するケースがいまだに散見されます。こうした問題を減らすため，高品質の評価テストの開発工程はほかのすべての専門テストと同じく，テスト項目（この場合は，調査用質問に使用する語句の選び方）の立案，作成，チェック，評価結果における「妥当性の検証」という一連の手順を踏みます。また，このようなアンケート式評価は調査目的で使用されるのが通例であり，成績判定のような重要試験には用いられないという点にも留意する必要があります。

選択型問題を採用するテストに関しては，クリティカル・シンキング評価の多くで記述文形式の表示物が使用される傾向があります。このためテストが測っているのはむしろ読解力であり，クリティカル・シンキング能力そのものではないのではないか，といぶかる声も上がっています。テスト問題に見られる論証例は，ある特性の評価ありきであらかじめ仕立てた素材を用いて半ば強引につくられています。つまり，この類いの設問しかない評価方式で，実際問題に対処する力が果たして計測できるのかという懸念が湧き上がります。それは，多くの人にとってクリティカル・シンキングが求められる場面とは，いくらでも答えが考えられる不良定義問題に直面したときだからです。

さらにクリティカル・シンキングテストは，知能指数（IQ）測定を目的としたテストを含む，一般的な認知能力判定テストと同じ課題をいくつか抱えています。たとえば，知能を生来与えられた測定可能な特性とみなしてよいのかどうか，あるいは認知能力のみを計測するテストでは捉えられないかもしれない複数の知能（感情的知性や創造性など）があるとする議論，そもそも測定可能な知能という概念が文化的前提や文化的見解に基づいており，人間性や人間の心には正確さも何もないのではないかという見解です。前述の「ワトソン－グレーザー」テストの例題のような特定の設問でさえ，すべての共同社会に当てはまるわけではない文化的前提が含まれているかもしれません（たとえば，小学校中高学年の子どもをもつ親が，週末に開催される児童向け集会に我が子を出席させるわけにはいかないほど，辺鄙（へんぴ）な地域に住んでいる場合など）。

いずれも至極まっとうな疑問です。過去の過ちから学ぼうとする研究者やテスト開発者の仕事を形成しているのは，こうした疑問の数々です。それには個人と集団の両方を対象とした，知能測定の歴史的悪用も含まれています。

しかし民間の評価テストをはじめ，小テスト，試験問題，レポート用課題などがすでにクリティカル・シンキングを子どもたちに教える教師には用意されています。用意された評価ツールすべてが無意味だと決めつければ話は別ですが，本当に難しいのは，教師が子どもたちにクリティカル・シンキング能力がどのくらい身についたかを計測しようとするとき，数多くある評価と形式からどれを選択すればよいのかという問題です。教師が直面しているのは評価ツール不足ではなく，評価ツールの選択肢があまりにも多すぎるという現状です。そして評価ツールがよりどころとするクリティカル・シンカーの定義も，それぞれのツールの評価内容によって異なってくるので，よりいっそう難しいのです。

クリティカル・シンキング評価を教室で行うには

ここまで，民間のクリティカル・シンキング能力評価テストなど，専門家の手になる評価テストの開発事例を中心に述べてきました。教師の一部には，生徒の習熟度の判定用として，これら市販のテストを授業の開始時や終了時に，あるいは学年末試験として活用する人もいるでしょう。しかし，それよりはるかに多く見受けられるのは，それぞれのカリキュラムに適合させた独自のクリティカル・シンキング能力評価ツールを，教師自らが編みだすケースです。

教室で実施される学力テストは，専門家による本格的な試験のように，コストのかかる体系的手法で作成されることはまずありません。テスト問題の作成者は教師自身です。教師はテスト問題を作成するとき，専門テストの開発において専門家チームが担うすべての役割を一人で背負うことになります。測定する学習目標の選定に始まり，問題の作成，結果の採点，さらには教員助手などに採点ガイドラインを示して，成績評価に矛盾が生じないようにしているのです。

教師が評価テストを手づくりするメリットは，低コストと柔軟性に加えて，自身の授業アプローチを正確に反映して評価を作成できる点にあります。また，大規模な試験ではやたらと複雑になったりコストがかかりすぎたりしても，個人が評価テストを作成すれば，かなり柔軟に対応できます。とはいえ，やはり試験直後には，教師の自家製テスト問題が「悪い」とか「不公平だ」とか，生徒から不満が漏れることもあるでしょう。それら不満の多くは内容のバランスがとれていない，学習目標と問題がズレている，問われている内容が混乱している，あるいはテストのつくり自体がお粗末なことです。ほとんどの教師に試験問題作成の訓練経験がないからであり，不満が生じてもこれは仕方がありません。もちろん専門家が監修した試験問題は，例に挙げたような欠点がないよう徹底した方針のもとで作成されているので，上述のようなことはありません。

教師お手製の評価テストについては，クリティカル・シンキ

教師が直面しているのは
評価ツール不足ではなく，
評価ツールの選択肢があまりに
多すぎるという現状です。
そして評価ツールがよりどころとする
クリティカル・シンカーの定義も，
それぞれのツールの評価内容によって
異なってくるので，よりいっそう
難しいのです。

ング的状況設定を教科内容と関連づけて作成する，という方法が挙げられます。たとえば，論証分析能力テストを理科の授業で行うのならば，気候変動やヒト胚研究をめぐる議論を出題するとよいでしょう。社会科で同じ論証能力を分析評価するテストを行うのなら，歴史的文献から前提や結論を見つけて評価したり，時事問題を扱った社説の背後にある論理を分析したりするテストが考えられます。

このような評価テストでは，評価の拡張性や規格統一のような制約は一切気にする必要はありません。その気になればシミュレーションや，アイディア出しの手法である「マインドマップ」作成ソフトなどの新世代の評価技術も組み込めます。これならば生徒が思いついたことを図に描いたり線で結んだりして，自分たちの思考経路を確認できるようになるでしょう。教師側にもメリットはあります。オンライン教育コミュニティーを利用すれば，同僚たちの研究に触れる機会が増えますし，プロのテスト開発者の成果を参照して，評価テストづくりのヒントを得ることもできるでしょう。

また，クリティカル・シンキング教育とも特に親和性の高い「**形成的評価**」と呼ばれる評価法もあります。これは，生徒それぞれの理解度を示すデータを教師に知らせるための評価方式です。教師は評価を行ったらその場で生徒本人にじかに評価結果を伝えるのが理想的です。「形成的評価」は通例，知識と能力を評価するテスト（「**総括的評価**」と呼ばれます）と異なり，採点対象にはしません。

「形成的評価」の実践として，討論を学ぶ授業の冒頭に「アーギュメント」という言葉についてどう思うかと生徒に尋ねてみるのも有効的でしょう。「アーギュメント」と聞いて，理解を得るための「議論」という広い意味で理解している生徒と，ただ声を張り上げるだけの「口論」のみを連想する生徒との区別に使えるからです。その後は生徒の反応から得た結果を，個人あるいはグループ単位の指導と演習にフィードバックすればよいのです。

前述したように，クリティカル・シンキングを習熟するには「意図的な練習」が欠かせませんが，これを「形成的評価」の一部として用いることもできます。たとえば生徒が独力で，あるいはクラスメートとパートナーを組んで，採点対象外の自由課題と向き合うようなケースです。教師またはパートナーのクラスメートが生徒にフィードバックを返し，それを受け取った生徒が，自分の思考力にその場で磨きをかければ，それも立派な形成的評価となるでしょう。形成的評価を教室で十分に活かすには，評価と指導との行き来はシームレスであるべきです。両者が完全に一体となれば何も言うことはありません。

クリティカル・シンキングの三原則の一つ「背景の知識」をここで活用した結果，クリティカル・シンキングの評価方法に関してこれだけの知見が得られました。それだけにとどまらず，規格統一された評価テストやクリティカル・シンキングの指導法，教室で実践可能な評価方法に関する重要テーマにまで考察範囲が広がりました。それではここで，複数のクリティカル・シンキングの技術を組み合わせ，本章の冒頭で述べた，やっかいで複雑な問題の解決を試みることにしましょう。

ケーススタディ

序文で触れたように，リチャード・アラム，ジョシパ・ロスカの『漂流する学び』という本は，2011年に刊行されるやいなやたちまち大反響を呼び，激しい論争を巻き起こしました。メディアもこぞってこの本を取り上げ，大学生のクリティカル・シンキング能力は在学中に少しも向上していないことを示す何よりの証明だとはやし立てました。教育者，大学当局，政治家の間で大論争になったのも当然の成り行きでした。

二人の本が明らかにした事実は，見方によっては機能不全に陥ったアメリカの高等教育の話であり，以前から言われてきたことの蒸し返しかもしれません。しかし，クリティカル・シンキングの価値を説く二人の考察は，この必要不可欠な能力を学生たちに身につけてもらうのに役立つ素材はもっとないかと目を光らせている私たち指導者にとって，とても勇気づけられるものでした。

高等教育に関しての思い込みや課題意識があると，肯定・否定を問わず，一種のバイアスとなり得ます。それらがバイアスならば，『漂流する学び』が展開する考察やその意味をゆがめて解釈しているおそれがあります。しかし，クリティカル・シンキングに長けていれば自分好みの解釈を選び取るのではなく，著者の真意を突き止め，本当は何を言いたかったのかを評価すべく，自身のバイアス補正から始めることができます。

バイアスのつくりだした「ノイズ」を取り除けば，大学がクリティカル・シンカー育成に失敗しているという主張は，大学入学1年目から卒業まで，学生のCLA（前出の大学生学習評価）得点が向上していないことを示す調査に基づいていることからわかります。この事実から，学生のクリティカル・シンキング能力が大学在学中に向上したことを示す測定可能な証拠はないとするアラムとロスカの主張を，シンプルな三段論法に要約すれば，以下のようになります。

前提1：CLAは，学生のクリティカル・シンキング能力を正確に測っている
前提2：大学入学後，および卒業するまでにCLAを受験した学生のスコアにはあまり大きな得点差がなかった
結論：学生のクリティカル・シンキング能力は，大学在学中にまったく伸びていない

ここで，「クリティカル・シンキング能力の向上？　そんなもの学生にとってとるに足りないこと。芸術の知識をもてとか，芸術を鑑賞しろといった類いの目標とたいして変わりない」と

一蹴する人もいるかと思われます。しかし，高等教育でクリティカル・シンキング能力を育成する重要性を心から信じているのなら，上述の三段論法の評価くらいはできるはずです。それには本書でも繰り返し述べてきた，論理と論証の構造を思い出さなくてはなりません。すなわち「この二つの前提が真実ならば，結論もまた真実として受け入れなければならない」。さらに，「妥当な論証」は健全性のテストにも合格する必要があります。そのためには前提を精査して虚偽が含まれていないか，少なくとも合理的判断のできる人が反論したり疑念を抱いたりするものが含まれていないかどうかを判断しなければなりません。

前提２については，不正採点や，二人の著者による調査結果が誤った方法や偏った方法で提示されている場合が考えられるため，偽りとなる可能性はゼロではありません。人は誤りやごまかしを探すのが常です。とはいえ，入念なリサーチに基づいて書かれた『漂流する学び』にそのような痕跡は見受けられませんし，いずれにせよ確かな証拠もなく推測のみで前提２を叩くのは「好意の原則」にも反しています。同じ脆弱性を叩くのであれば，前提１のほうがはるかに大きな欠陥が含まれています。

クリティカル・シンキング能力評価についての背景知識があれば，CLAのように洗練された権威ある学力評価であっても，このテストだけでクリティカル・シンカーになれるかどうかのすべての要素を測定しているわけではないですし，そもそも測定できないことくらいは理解されるはずです。CLA開発者によれば，自由回答形式による設問が測るのは「学生の問題分析力と問題解決力，科学的あるいは数学的推理力，クリティカルな読解と評価，論証の批評，論証構造とその正当性を表現する文章力」です。幅広い分野の能力が要求されて辟易（へきえき）しますが，翻（ひるがえ）って先の三段論法の結論を見ると，かなり大まかで，かなり断定的です。また前節で見たような，そもそもクリティカル・シンキング能力は計測できるのかという一般的な懸念に加え，CLA自体の品質や精度も疑わしいとなれば，上述の主張には健全性が欠けていることになります。したがって，それは結論も疑わしいということになります。

しかし，この問題は，次のように結論をやや弱めれば解決されます。すなわち，「大学在学中の学生には，CLAによって測定された特定能力の向上は確認されなかった」。現にメディア報道の聞きかじりではなく，アラムとロスカの書いた原文を読めば，綿密な調査の結果たどりついた結論だということがわかるはずです。そしてここでもまた，「背景の知識」（第三者の「解釈」ではなく，一次資料に直接当たること）をもつことの重要性が改めて示されています。それだけでなく，二人の著書にはクリティカル・シンキング能力が向上していない学生が存在する理由を説明するための仮説も提案されています。さらに，考察を裏づけるさらなる証拠も提示されています。そこで導かれているのは，たとえば序文の8ページにも引用した，あの比較調査結果です――学生に，クリティカル・シンカーになってもらうための講義をしていると考えている大学教員の割合(99％)と，職場に配属された大卒新入社員にクリティカル・シンキング能力がないとする雇用企業の割合(75％以上)とのギャップ問題です。

二人が追加提示したこれらの証拠にも，根拠となる出典元はあります。たとえば大学教員と雇用企業との認識のギャップは，それぞれに対して実施されたアンケート調査結果に基づいています。もちろん，質問内容，回答者数とその傾向，得られた結果の統計的有意性の有無などを厳しくチェックする余地は残されています。クリティカル・シンカーならば，だれもがこのような検証プロセスの道を歩むことができるのです。この道を進めば，やがて必要十分な証拠が集まり，自分の立てた前提が最終的に真(もしくは少なくとも妥当性のある内容)で，論理的に必然な結論を導いているかどうかが見極められるようになっていくはずです。

クリティカル・シンキングの目標を達成する道

クリティカル・シンカーの多種多様な武器を活用すれば，『漂流する学び』の執筆に至るリサーチを通して，私たちに伝えている内容をさらに正確に理解できるようになるでしょう。そこで形づくられるのは合理的で建設的な考察です。そして以前からもっているバイアスや，裏づけとなる「背景の知識」もなければ根拠もない「もうおしまいだ」的議論ではありません。

移民問題や国家安全保障のような重要課題に関して激しい議論が交わされている（あるいは交わしそびれている）場合，クリティカル・シンキング能力を徹底的に投入することで実りある議論となるはずです。しかし現実はメディアに煽られ，排外主義的な論調ばかりです。同じことはもっと身近な問題，たとえば家を借りるべきか買うべきかのような二者択一を迫られる場合でも繰り広げられます。クリティカル・シンキングのさまざまなツールを用いれば，どんな議論にもたちまち素晴らしい効果が発揮されるはずです。

最後の章では，クリティカル・シンキング重視型の社会とはどのようなものが考えられるか，どうすればそのような社会が実現できるのかについて考えます。

第4章

クリティカル・シンキング志向の世界を目指して

2011年，北カリフォルニア州の農場にあるクリティカル・シンキング財団本部を訪問した折，幸運にも財団創設者リチャード・ポール博士とリンダ・エルダー博士にお会いする機会にあずかりました。残念ながら，ポール博士は数年後に帰らぬ人となってしまったため，財団は現在の理事長リンダ・エルダー博士に引き継がれています。

そして，本部訪問とちょうど時を同じくして飛び込んできたのが，日本の福島第一原子力発電所で起きた事故の一報でした。その後も，人災だと非難されるようなさまざまな混乱や大きな問題が起こりました。なぜ，このような大惨事になってしまったのでしょうか？　そして，私たちは以下のような疑問をもちました。この例をもとにして，クリティカルに考えてみます。

原発は，基本的には人里離れたところに立地すべきとされています。そもそも，現在の場所に建設するべきだったのでしょうか？　そして，なぜ津波が起きるようなところに原子力発電所を建設したのでしょうか？　津波が発生する可能性をどう分析し，どう理解し，どう対応してきたのでしょうか？

また，それを原発建設計画にどのように反映したのでしょうか？　津波対策は十分だったのでしょうか？ 使用済み燃料はプールで貯蔵し，循環で水冷を行っています。なぜ，そのプールを地上５階という高いところに設置したのでしょうか？　循環冷却に必要な非常用発電機は生命線であり，リスク管理上分散するべきなのに，なぜ津波の影響を受けやすい地下１階に集中させたのでしょうか？

住民避難の指示やその経路でも問題が指摘されました。世界中を見ると原発のある地域では避難訓練を行っていますが，なぜ日本では原発事故の避難訓練がほとんど行われていなかったのでしょうか？

さらに，津波による被害想定と原発建設計画を推進すべしとする結論の間には，どのような論理が働いていたのでしょうか？

これらの原発の立地等に関する「背景の知識」は，国も電力会社も当然もっていました。建設計画の際は，さまざまな知見に基づいて，人類がもつ叡智を集結させ，科学的推論を行い，妥当性のある論理展開を行いました。それでも，なぜ大惨事が起き，その後の対応が的確に行われなかったのでしょうか？そこで問題視されるのは，前提の理解と活用が，希望的観測と

昨今の政治状況は,
クリティカル・シンキングの原則を
無視した個人と社会がどうなるかを
示したお手本のようなものです。

最も理想的なシナリオに基づく緻密さに欠けるものだったのではないかということです。前提の理解と活用は，いずれも日本国内の原子力発電拡大を望む筋の意向を汲んだ規制が当局によって歪曲されていた可能性があります。前提を的確に理解せず，間違って活用したことは，原発は安全であるという「安全神話」を誕生させ，政策決定者自身にもバイアスを与え，結果的に間違った推論と間違った証拠を導いたのではないでしょうか。クリティカル・シンキングの見地から考えると，論理展開の妥当性はあっても，健全性が確保されなかった例と考えられます。つまり，前提となる原発の立地に関する「背景の知識」を的確に理解せず，間違って活用したことが考えられます。

昨今の政治状況は，クリティカル・シンキングの原則を無視した個人と社会がどうなるかを示したお手本のようなものです。有権者の一部には，自分と政治的立場の異なる候補者にも公平に耳を傾ける人というのは確かにいると思います。そのような有権者は，候補者の人がらや経歴などを総合的に判断し，重要な争点を分析する人です。一般的には，ほかの有権者との価値観の共有を示す「党派性」や，政治的優先順位を示す「強い政治信念」があると，対立候補の主張に耳を傾けなくなったりするものですが，必ずしもだれもが皆そうなるわけではありません。とはいえ近年，自分の意見と相容れない候補者の話は聞かず，一方的に拒絶する有権者はどのくらいいるのでしょうか？　最初から投票するつもりはないからと候補者の主張をじっくり検討することもせず，ネット検索に精を出して，個人攻撃そのものの風刺画や動画の切り取り，デタラメに継ぎ合わされて拡散された候補者のフェイク発言に飛びつく有権者はどれほどいるのでしょうか？

有権者を「惑わす側」にいるのは多くの場合，人間の思考の欠陥を悪用する名人です。彼らが利用するのはクリティカルな思考能力を妨げる認知バイアス，理性を圧倒する感情，そして他者を排除する排外主義です。有権者の理性ではなく感情と排外主義に訴え，いかにして彼らの目を欺くかに腐心した「惑わす輩」です。そのような人たちは昔から存在していましたが，それは候補者自身でした。最近の選挙でも，人心操作の先頭に立つ候補者は存在します。ただし，昔と異なっているのは彼らの活動を支えているのが，人々から明晰な思考力を奪うことに長けた政治コンサルタント集団だという点です。

たとえば，敵対する外国勢力が他国民を操作すべく，同様の戦術を使って怒りを煽り，国を分断させて民主主義が危険にさらされたとしたらどうなのか？　そうなったら国民も理性を捨て，動物的本能に走ることの危険性に気づくかもしれません。しかし現実はどうでしょうか？　誤った前提（たとえば「フェイクニュース」）や妥当性のない論理に飛びつく人，「背景の知識」への理解を深め，それを適用するのを拒否する人，あるいは政治的に対立する立場の他者を冷たくあしらったりする人は，少しでも減ったでしょうか？

しかし私たちは，先入観や偏見にとらわれることがいかに危険かを学んできたはずです。世の中には同じ物の考え方をもつ者同士でしか会話をしない人，自分と意見が合わない人とは意見交換もせずにいきなり恥をかかせる人などがいます。それで果たして市民としての力が強くなっていると感じているのでしょうか？　私たち一人ひとりを独立した，だれからの束縛も受けない真のクリティカル・シンカーに変えてくれるのは，数千年にわたって受け継がれてきた英知であり，本書でも取り上げてきた知的美徳なのです。この美徳を捨てる道を歩み続ければ，一票を託す相手は皆ペテン師，ということになっても――いや，すでにそうなっているのかもしれませんが――驚くには当たりません。論理的思考力を鍛え，それを使おうとしなかったことから生じた最も劇的な結果にすぎません。ヒトが動物と異なるのは，筋道を立てて考える能力にあります。そしてこの能力を無限大に引き出すのは，クリティカル・シンキングにつながる思考のツールが与えてくれる「思考の技術」なのです。

私たちの下す決断には直感的なもの，「一晩寝かせて」からのものと実にさまざまです。後者のように選択した内容を精査し，じっくり時間をかけて分析してから決断する場合もあります。本能的，あるいは自発的に何かを選択したとしても，大概はうまくいくものです。とはいえ，「ぶっつけ本番」で物事を行った場合と，熟考や検討を重ねた末に意思を決定した場合との違いを思い出して比べてみてください。対して，証拠を見つけ，それを評価し，しかるべき結果が得られる形式へと変換し，その結果から得られたものを分析することでさらに成功確率を高めるのが熟慮した際の決断となります。つまり，これがクリティカル・シンキングです。これを使わない理由などありません。自分たちの周りの世界を知ろうとする場合も同じです。仮説を立てて検証し，時には仮説を捨てて別の仮説を探ってみる。そうすれば実際の世界がどのように機能しているかに関する理解も格段に深まるのではないでしょうか？

ここまで，個人における決断の話をしてきましたが，今度は他者と議論する場合を考えてみましょう。私もそうですが，同僚や友人，家族と議論していると，いつの間にか論点がすれ違っていたりすることがあります。今の皆さんなら，その理由がどこにあるのかがわかるはずです。おそらくポイントは隠れた前提（第2章75ページにも登場した省略三段論法の一つ）にあるだろうと。こうした言外の構造のズレを見つける能力がなければ，いくら話し合ってもキリがありません。また皆さんはまっとうな議論と口ゲンカの違いも心得ているでしょうから，多くの場合は無益で，破滅的な結果しか招かない全面衝突ではなく，前向きで建設的な対話にもち込めるはずです。

思考の質が向上すれば生活の質も向上します。ありがたいことに，思考力を高めるのにヒトという種をつくり変える必要もありません。人間にもともと備わっている「論理的に物を考える能力」をほんの少しだけ高め，ほんの少しだけ多く使えばよいだけのことです。

科学は華々しい成果ゆえに，体系的な推論法の一つのモデルとみなされることがよくあります。しかし科学は，特別な人だけが行う特別な活動ではありません。科学者も含め，すべての人間が陥りやすい偽りの真実を信じる確証バイアスを少しでも減らす文化的アプローチとして捉えるべきなのです。考え方をちょっと改善するだけで，いかに大きな見返りがあるものかと肌で感じられるようになるでしょう。

世の中をクリティカル・シンキング社会に変える。そこで生きる個人は皆，クリティカル・シンカーになる。そんなことが実現したら，地球全体がSF作品『スター・トレック』シリーズに出てくるバルカン星のような惑星になってしまうのではないかと，もしあなたがそう思っていたら，それは杞憂（きゆう）ですと申し上げたい。『スター・トレック』に登場する架空の異星人バルカン人は，自分たちを完全に支配するのは論理だと主張しています。もっとも，バルカン人は論理的思考を妨げる感情を抑制していただけだと言ったほうが当たっているでしょう。ただ，感情を抑え込む生き方は間違っています。日々の生活で，論理的思考の果たす役割を高めたいと願うクリティカル・シンカーにとって，感情はいっそう大切なのです。

感情が大切な理由，それは本能と同じく感情もまた論理的に構築された論証の前提を形成する貴重な情報源となるからです。子をもつ親としての私は，子どもを寝かしつけようという日常的なことから，クリティカル・シンキングを学習させようかといった子どもの将来にかかわることまで，選択を迫られる場面に何度も直面してきました。ただ当然ながら，こうした選択肢を前にしたとき，学術的な研究レポートや，MRI検査用の核磁気共鳴装置（NMR）に子どもたちを入れ，彼らの脳活動の測定結果によって決断を下してきたわけではありません。まだ言葉を発していない乳幼児だった我が子の表情を「読む」ことができるのは，私たちに「子どもへの愛」という感情が備わっているからです。もちろん，こうした自己の感情によって前提がゆがめられていないかどうかを調べることが重要です。そして前提から論証を導く段階では感情を捨て去り，典型的バルカン人のミスター・スポック*[1]ばりの厳格な姿勢で臨む必要があります。要するに，感情・直観・推論のバランスがとれて初めて，利用価値の高いデータが得られると言えます。それは機械ならぬ生身の人間が生きるこの世界で，確実な成果を生み出す論理的推理を行うのに欠かせないデータなのです。

そして，自身の内にある理性を大切にすることです。何かしらの運動や政治活動に参加して強い信念をもち，それを共有する人たちと行動をともにする場合でも，彼らの主義信条や排外主義に理性を犠牲にする必要などどこにもありません。むしろ，自分の考えは正しいのかと疑問の目を向けることで，それが揺

*[1] 『スタート・トレック』の主要キャラクター。バルカン人サレクと地球人を親にもつ。

るぎない証拠と論理のうえに築かれているかどうかがはっきりと見えるようになり，結果的にその考えはいっそう強固になります。そうなればもっと声高に自身の思うところを主張して，他者を自分の論陣に引き入れることもできるでしょう。逆にそうではない場合，その考えの補強材料を探すか，それでもなお正当化し得ないことに気づいたらあっさり捨て，私たちにとって最も大切な存在を最優先にすべきです。これは私たちの弱さの表れではなく，強さの表れです。翻って，政治が混迷を極める世の中で生きている私たちは，過去の時代に生きた人々よりも幸福を感じていると心から言えるでしょうか？

もし皆さんが，クリティカルに考える回数を増やすことで，個人でも対人面でも政治的にも私たちの生活を向上させ，幸福を感じることができるなら，残るのはこの二つの質問です――もっと慎重で優れた思考法をもった人間になるにはどうしたらよいか？　人生の重要な選択において，クリティカル・シンキング的アプローチをよしとする社会を実現するにはどうすればよいか？

幸い, このような方向へ社会を変える働きに参加すべき人は, すで動きだしています。アメリカ国内の多くの教師, 大学幹部, 教育政策立案者は，何よりもまずクリティカル・シンキング教育を優先すべしと考えており，企業側も質の高い論理的思考力をもつ人材をさらに多く採用したいと考えています。世の親は, 自分の子どもをニートにするために育てているわけではありま

もっと慎重で優れた思考法をもった
人間になるにはどうしたらよいか？
人生の重要な選択において，
クリティカル・シンキング的
アプローチをよしとする社会を
実現するにはどうすればよいか？

せん。さまざまな調査結果を見ても，クリティカル・シンキングというテーマが授業に組み込まれた場合，すべての学年において子どもたちの成績が向上したことが明らかになっています。それにもかかわらず，クリティカル・シンキング教育優先を口にする教育者が多いわりには，重要視しているはずのクリティカル・シンキング能力を身につけた大卒新入社員の少なさを嘆く企業が多く，認識の隔たりが大きいこともまた事実です。両者の意識の差を埋めるにはまだまだ改善の余地があることは明白ですが，それは教える側や学ぶ側にモチベーションがないからとか，大学と企業との間で目的の共有ができていないから云々（うんぬん）の話ではないのです。

よい知らせはほかにもあります。クリティカル・シンキングの授業への組み込みとその実践を加速させるのに，さらに20年や30年，「クリティカル・シンキングとは何か」という定義論争に費やす必要などどこにもないということです。古生物学者スティーヴン・ジェイ・グールドの比喩をそのまま借りれば，「アインシュタインの相対性理論はニュートンの万有引力の理論に一部取って代わったが，論争に決着がつくまでの間，リンゴが空中に浮かんでいたりはしなかった」(『ニワトリの歯―進化論の新地平（下）』（1998年，早川書房）より引用）のですから。同様に今，私たちはこうして利用可能な知識と技術を手にしているというのに，合意する見込みのなさそうな結論をひたすら待つ必要もありません。それらの一部をなしているのは，

2500年間にもわたる知の蓄積なのです。

理屈のうえでは，高度な思考力に関連するカリキュラムの全面的改訂を行えば私たちのゴールは達成できるかもしれませんが，その手の過激な変革は非現実的でありません。今は，標準化カリキュラムの一律導入を決めた10人委員会(第1章56ページ参照)のような時代ではないですし，ほかにも学校で教えるべきことはたくさんあります。読み書きをはじめ，数学や理科といった教科学習とその理解，健康な体づくりと協調性の育成，特別な支援を必要とする子どもたちへの学習支援。優れた思考力を育てるクリティカル・シンキングが学校教育におけるほかの目標すべてに応用できるとしても，まずもって既存の優先すべき活動との共存を図るのが先決です。

前章でクリティカル・シンキング教育について考察しましたが，現場の現職教員の置かれた制約を踏まえて，これまでに得られた知見を投入するのであれば，おそらく次の方法をとるべきでしょう。すなわち，(1)クリティカル・シンキングを明示的に教えるための教員向け補助教材の開発，(2)意図的な練習による既存教科への組み込み，(3)他分野への「学習の転移」という三つの指導法です。

数学の教師が幾何学の証明問題を使って演繹的論証の一般原則を示したり，理科の教師が科学的手法を他分野に応用したりする例については，前章で少し触れました。一見するとこうした取り組みは，授業の方法論や優先順位のささやかな変化にすぎないかもしれません。しかしクリティカル・シンキング能力全般からすれば大きな改善につながる可能性があります。教師の多くは自身の専門教科について，クリティカルに考える方法をすでに心得ています。クリティカル・シンキングを明示的に教えた経験がなく，他分野への転移可能な論理的思考力を育てる「意図的な練習」に不慣れであったとしても，すでに手の内にあるのです。

クリティカル・シンキング教育に不慣れな教師は，本書でも何度か引用した，ジョン・デューイの『思考の方法』をお薦めします。『思考の方法』は，クリティカル・シンキングを理解し，教えるための「出発点」となる本だからです。デューイが伝える思考の技術は，クリティカル・シンカーという名の「創造的で反省的思考ができる人間の育成」を目指す，現代の教育者にとってもきっと役に立つはずです。

デューイによれば，生徒の学習意欲に火をつけるのは，疑問を解消したいとする欲求です。しかし教師がすべての答えを用意したら，生徒の心にはそうした欲求は生まれてきません。したがって，教員養成や学校に配布される教材の開発といった教育学的戦略は，次の点を重視すべきでしょう。まず（1）正誤問題式ワークシートやテストを廃止して，生徒のモチベーションを喚起し，疑問を植えつけるように構成された問題へと切り替える（少なくとも補助教材にはすること）。そして（2）知的生産性を高める形で，生徒主体で疑問を解消できるような思考法へと導くこと。これを繰り返すことで思考の習慣が生まれ，それは学年が上がっても生徒の心に消えることなく刻まれるはずです。さらにはこのような思考の習慣が教科や学校といった枠を超えて，日常生活にも「学習の転移」が起きるようになれば何も言うことはありません。

現職教員の多くは，学校教育における重点目標の変遷を経験してきた世代です。そのたびにアメリカ国内や地方，さらには教室レベルでも，目標達成のための多大な支援を受けてきました。こうした重点的な取り組みには，厳格な学習基準や，生徒の学習内容理解を確認するための定期テストや学校の説明責任を求めるといった，過去の教育改革から生まれたものもあります。いずれにしても優先課題が何であれ，政府，学校，教育関連非営利団体，民間組織はともに力を合わせて，共通の教育目標を達成する努力を続けてきたのです。クリティカル・シンキング教育を本気で支援しようとする試みが，このような教育支援のほんの一部でも達成できるとすれば，以下に挙げる重点ポイントの実践が今後も必要になってくるでしょう。

クリティカル・シンキングを教える側の五つの重点ポイント

1．新しい学習基準に，「学習の転移」可能なクリティカル・シンキング教育の指針が盛り込まれているかを確認する

すでに紹介したように，全米共通学習基準（コモン・コア）のような重要な学習基準では，小論文調の自由作文を課すと

いった活動に関連する思考力が重視されます。コモン・コア対象外の理科と社会科の学習基準もやはり同じく，次世代型へと改められています。それは単に子どもたちの知識量を計測するのではなく，クリティカル・シンキングの領域へと踏み込んだ新しい学習基準です。新基準では枝分かれした理科分野をひとまとめとして扱い，質問を発展させたり情報源を検証したり，歴史を含む社会科からも根拠を引き出したりと分野横断的な特徴があります。他分野への「学習の転移」可能なクリティカル・シンキング能力開発が一過性の話題で終わらず，本当の意味で教育の優先課題となるのであれば，地域や国，教科といったあらゆる垣根を越えて進行する学習基準の開発と実践に，本書で登場したクリティカル・シンキング能力は役に立つはずです。

２．教員養成課程のあり方を変えて，内容重視型授業へのクリティカル・シンキングの明示的指導と「意図的な練習」の組み込みを実現させる

ほとんどの教員養成課程は，さまざまな教育指導法や教育学一般，数学や歴史などの特定教科をどう教えるかの授業テクニックに終始しています。このようなシラバスを軌道修正して，クリティカル・シンキングの理念と，クリティカル・シンキング能力の実践を明示的に行う教育法を統合した授業へと変更すれば，クリティカル・シンキング統合型授業が定着する流れはさらに加速するでしょう。指導法に関しては前章（159ページ）

でも書いたように，すでに教育効果の認められた「注入型」と「ミックス型」が適していると思われます。そして今後，時の経過とともに教員の世代交代が進めば，クリティカル・シンキングの指導と実践に重きを置いた指導法を導入しても，それが原因で現行の義務教育の履修課程が混乱するおそれもないはずです。

とはいえ現状は，口で言うほど簡単ではありません。このような変化を起こすためには，まずもって教員養成課程全般が直面している課題に対処しなければなりません。その危機意識が最も強く表れているのが，2006年に刊行された「教員の養成について」と題された報告書です。当時，コロンビア大学ティーチャーズ・カレッジ学長だったアーサー・レヴァインはこの報告書で，大学の教員養成プログラムを「低い入学基準と低い卒業基準の二重苦，そのほかの失敗に見舞われている」と酷評しています。レヴァインの指摘と同様の批判はいくつも上がり，教員養成課程を改革する動きにつながりました。これをきっかけに，次世代を担う子どもたちのクリティカル・シンキング能力を高められる若い教員が輩出されるようになれば，さらに広範な教育改革へと発展していくかもしれません。

3．現職教員のための専門能力の開発

2．は教員養成課程の話でしたが，教壇に立つ現職教員でも，クリティカル・シンキングを織り交ぜた授業法について学ぶこ

とはできます。たとえば，継続的な専門能力開発（PD）の一環として受ける教員向け研修です。多くの国では教員免許の交付や更新，昇給，キャリアアップの条件として，教員に同様の研修を継続して受けることを義務づけています。このため，現職教員のPD目標達成支援を目的とした一大市場も出現しています。たとえば大学に設置された専門の研修課程や校内外のワークショップ，研修セミナー，eラーニングなどです。

アメリカでは地域の独自性・主体性が尊重されているので，多くの場合PDは地域ごとに決定されますが，決定された重点教科は教育政策を大きく左右します。それが最も端的に表れているのが，学習基準の更新と併せて全米各地で実施されているPD研修です。生徒のクリティカル・シンキング能力向上が漠然とした願望から具体的政策へ移行すれば，数十年前，教育現場に説明責任を課したことで教育現場改革が進展したときと同様に，さまざまな専門能力開発関連リソースが現職教員のために用意されるでしょう。

しかし現職教員向けPDプログラムも教員養成と同様，その中身と有効性が問題視されています。研究によれば，PDが現職教員に変化を与える影響は限定的であることが明らかになっているからです。幸いにも，PDプログラムにも明確な重点目標が表れ始めています。たとえば，受講する講座はたった一度きりのワークショップ型ではなく継続型プログラムを選ぶべきだとか，教員同士の共同学習の推奨，模擬授業形式の修了試験に合格した教員に認定証を付与するなど。いずれも，クリティカル・シンカーになるための学びと実践によく適応した研修プログラムといえます。

4．クリティカル・シンキング教育を導入した教育機関や現職教員の地位向上

前章でも少し触れましたが（140ページ参照），クリティカル・シンキング，コミュニケーション，コラボレーション，そしてクリエイティビティの4分野を教える4C教育というのがあります。この4Cを取り入れ，クリティカル・シンキングの理念を統合させた指導を行っている教育機関を表彰し，広く知らしめることも現行の取り組みの活性化につながります。4C教育は義務教育以外の放課後のクラブ活動や強化学習プログラムでも実験的に行われ，クリティカル・シンキングの理念を含む指導法を広める役目を果たしています。同じことが個々の教員にも当てはまります。クリティカル・シンキングの指導を授業で実践している教員がいたとすれば，仲間の教員に刺激を与えるよいお手本となれるでしょう。

5．授業を成功させるために必要な教育リソースの提供

近年，教育現場ではオープン教育リソース（OER）への移行がますます進んでいます。OERとは，教科書出版社から提供される教科書やカリキュラムパッケージではなく，インター

ネットで無料あるいは格安で提供されている授業計画や授業評価，学習活動向け教材のことです。多くは教員同士が自分たちで共有して使う目的で作成した自家製教材ですが，指導法の改善を目的とした組織の専門家によって開発されたリソースもあります。

OERは多種多様で，教材の内容も質もバラバラです。そこでOER活用を考える教員にとって，自身の身の丈に合ったリソースを見つけることが常に求められます。望ましいのは，オンライン上でクリティカル・シンキング教育をサポートする質の高いコンテンツが難なく見つかり，それが教室で実践できるようなケースです。その場合，教員は今までのやり方を変えることなく，教育効果があるとお墨つきを得た教育ツールや方法論を活用することができます。

以上，教える側に対する新しい重点課題を列挙しましたが，これらが示すのは，クリティカル・シンカーを育成する最適な場所は学校だという考えです。しかし生徒のなかには，重度の認知バイアスを抱えたまま学校にやってくる子どもたちもいます。このためクリティカル・シンキングに欠かせない「個人の特性」に関連する知的美徳を教える場は，家庭を含む学校以外の場所ということになります。以下は，家庭でそのような知的美徳を教えるときの重点ポイントです。

家庭における三つの重点ポイント

1．まずはご自身がクリティカル・シンカーに

すでに述べたように，クリティカル・シンキングを日常的に実践すれば，どんな年代の人でも意思決定や相違点の解決に役立ち，ひいては社会の改革にもつながります。本書で考察してきたクリティカル・シンキング教育は，主に学校教育を受ける児童や生徒が対象でしたが，クリティカル・シンカーになるのに年齢は関係ありません。さまざまな関連書籍のほか，無料で提供されている教育プログラムも数多くあり，クリティカル・シンカーへの道のりを生涯にわたってサポートしてくれます。クリティカル・シンキングを学ぶのに早すぎることはないのと同様，クリティカル・シンキングを学ぶのに遅すぎるということもありません。

2．日常生活で知的美徳を実践すること

子どもたちがオープンマインドネス（寛容な心），知的謙虚さ，理性への信頼などの知的美徳を学ぶにはただ説明するだけでなく，それを実践している姿をお手本として示す必要があります。反対に，保護者自身が独断的な政治の支持者で，他者の信念を敵視しているような場合は，胸に手を当ててよくよく考えてみるべきです。子どもの将来の成功と幸福にとって，親のそのような態度が子どもへの意図しない障害になっているのではないかということを。

3．常に疑問を，そして建設的に

第1章で，プラグマティズムの祖チャールズ・パースによる，疑念を排除するための四つのアプローチについて書きました。「先天的（a Priori）：すでに受け入れていること，自分が納得することだけを信じる」「権威（Authority）：権威者や社会から言われたままを信じる」「固執（Tenacity）：何者にも依存せず，揺るぎのない自己の信念をもつこと）」，そして「科学的推論（Science）」の四つです。

このうち四つ目の科学的推論は，仮説の形成と実験によって確かな根拠が与えられた思考に基づく，真実への近道になります。現代の私たちは問題だらけです。それらを引き起こす確証バイアスや排外主義が，パースの言う「先天的」や「権威」への過度の依存に原因があるとすれば，親や教師の考え方や社会に反発するティーン・エイジャーと青年の姿は，「固執」の自然な表れでしょう。それは自己の確立を試みる時期である思春期に起こります。

政治や宗教，その他の重要な問題について強い信念をもつ親ほど，このやっかいな時期に差しかかった子どもへの対処で苦労します。それでも「固執」的反抗の内面にある，彼らを突き動かしている疑念に目を向ければ，その疑念をもっと有効に活用できる道がいくつも開けてくるはずです。それは私たち親世代の価値観や，重要視している事がらを子どもたちに押しつけたり，逆に子どもたちから捨てるよう強要したりすることではありません。なぜならそれは親世代の考え方でしかないからです。たとえば子どもたちが夢中になっていることについて,「それが本当に正しいか，じっくり考えてごらん」と勧める。そうすれば，互いを尊重した対話が生まれるかもしれないし，場合によっては互いの立場を入れ替えた対話形式のコミュニケーションにつながることも考えられます。また，お互いの考えを科学的推論で用いられる手法で検証したり，クリティカル・シンキング式の構造分析を行ったりしても構いません。こうした「反省的」活動は，親も子どもも自身を省みつつ，互いを尊重する対話を行うという決まりをつくってそれを実行すればいいのです。そうすることで，だれもが「クリティカルに物事を捉え，問題を客観視することが大切だ」と気づかされるでしょう。

「クリティカル・シンキング」文化の創生に向けて

最後に，処方箋というより個人的希望を述べて結びたいと思います。私たちの社会では，強靭な肉体をもつ陸上選手がフィールド競技で優れた技を発揮したり，クイズ番組でもの知り王が高得点を叩きだしたりすると惜しみない賛辞を送ります。それと同じように，ただ知識量を誇るのではなく，その知識を活かして問題や課題を「クリティカル」に考える人にも，賛辞を送る文化に変えていくべきではないでしょうか。

長い目で見れば，思慮深い教養人とは何かということを論理学や修辞学のような学問が定義したのはせいぜい2000年ほど前で，さほど遠い昔ではありません。数多くの画期的な発見と革新によって人類に貢献してきた科学者たちが称賛されるのなら，彼らに大躍進のきっかけを与えた思考プロセスも表彰されてしかるべきではないでしょうか？　そして科学的手法などを用いて構造化された推論法が，もっと賢明な選択を行い，偽りではなく真実を信じるうえでどれだけ役に立っていることでしょう。

あるいはクリティカル・シンキングという思考法は，選ばれし幸運な人間にのみ授けられた「超能力」並みの特殊能力と考えたほうがよいのでしょうか？　それは何気ない会話の奥に隠された真の主張を見抜く眼力であり，会得するには訓練と強い意志が必要。この能力のもち主はただ他人の主張を分析するだけではなく，論理的推理力を発揮して相手を丸め込み，よしあしは別として，自らの目的達成の手段にできる，と。しかし，それは間違った考えです。理性は私たち人間に平等に与えられた贈り物であり，論理的推理力はこの贈り物を日々の生活に活かす一つの方法です。クリティカル・シンキング的アプローチを日々の生活に積極的に取り入れれば，ポピュリズム（大衆迎合主義）やデマゴーグ（デマを用いる政治家）などの好ましくない誘惑に引っかかることも，今後はさらにもっと少なくなっていくに違いありません。

用語集

※本ページは本文中に太字で示した用語の一覧となります。

第 1 章

ソクラテス以前の哲学（Pre-Socratics）→22ページ
古代ギリシャにおいて，アテナイの哲学者ソクラテス以前に存在した哲学流派（初期ギリシャ哲学者）。彼らは自然現象を物理的・科学的に説明することに重点を置いた。

パラダイム（Paradigm）→30ページ
個人，集団，社会に浸透した，現実世界についての考え方。たとえばニュートンの力学理論からは，宇宙は数式で説明可能な機械的プロセスとみなす理論的枠組みが生まれた。

仮説（Hypothesis）→33ページ
質問，または問題に対する条件つき解答としての提案。仮説が**理論**へ昇格するためには，さらなるデータの収集と検証プロセスが必要になる。

根拠（Warrant）→33ページ
理念や主張を裏づける要素。

理論（Theory）→33ページ
ある現象を起こす原理の説明。科学において**仮説**が理論に昇格するには，ほかの科学者から合理的であると広く認められるまで，検証作業が繰り返される。

ブルームの分類法（Bloom's Taxonomy）→46ページ
学習達成度を認知度の複雑さに応じて，ピラミッド状に階層化した表現方法。1956年，教育学者ベンジャミン・ブルームによって提唱された。2001年に改訂版が発表されている。

ヒューリスティックス，経験則，または発見的手法（Heuristics）→51ページ
問題や，質問に対する拙速な解決策に飛びつく際に生じる短絡的な思考経路のこと。多くの場合，このような思考のショートカットは，「**認知バイアス**」と呼ばれる推論法そのものの欠陥に発展しやすい。

アンカリング効果（Anchoring Effect）→51ページ
数値や数量が含まれる情報を調べたり，数字が含まれる判断をしたりする前に，第三者からもたらされた任意の数字に判断が左右される**ヒューリスティッ**

ク（過去の経験に影響される**認知バイアス**）。**アンカリング効果**は，たとえば家を購入するときなどによく見受けられる。この場合，提示された物件の価格が，そのまま買い手側から見た家の価値判断へとすり替わる。

確証バイアス（Confirmation Bias）→52ページ
自分の信念と一致する証拠や議論しか受けつけず，その信念に反する情報は拒絶するという思考の偏り。

帰納法（Inductive Reasoning）→53ページ
前提を受け入れても，その前提が導く**結論**が絶対的真とはならない帰納的推論。通常，**帰納的論証**ではすべての**前提**から導かれる**結論**の蓋然性の高さに基づいて，論証のもつ説得力の強弱が判定される。

演繹法，または演繹的推論（Deduction or Deductive Reasoning）→53ページ
すべての前提を受け入れれば，必然的に**結論**も受け入れなければならない推論の形式。数学で用いられる幾何学的証明は，演繹的論証の例。

10人委員会（Committee of 10）→56ページ
1892年，ハーバード大学学長チャールズ・エリオットが組織した委員会。アメリカ学校教育における標準的カリキュラムを制定した。同カリキュラムは現在もなお使用されている。

第２章

個人の特性（Dispositions）→59ページ
ある特定の行動につながるような個人的な特徴。たとえば「好奇心」は質問を発し，その質問への回答を見つけようと仕向ける個人の特性であり，クリティカル・シンカーになるための重要な素質でもある。

形式的な論理（Formal Logic）→61ページ
論証で使用されている語句ではなく，論証の形式面を扱う論理的思考の方法論。

形式的ではない論理（Informal Logic）→61ページ
論証の形式面と，主張に使用されている語句の両面から論証を検討する論理的思考の方法論。

論拠（Argument）→62ページ
論証において，**結論**を支持する証拠を表明した一連の事がら。

前提（Premises）→62ページ
真として受け入れるよう求め，論理的帰結としての**結論**を導くための条件。

結論（Conclusion）→62ページ
すべての**前提**を真と受け入れれば，そこから導かれた主張（＝**結論**）もまた真と受け入れなければならない論証の結果。

論理形式（Logical Form）→62ページ
論証を形成する抽象的な枠組み。論証で使用される語句とは別の，記号的表現を指す。

健全性（Soundness）→62ページ
論理的な議論の展開において，(1)それが妥当であり（「**妥当な論証**」を参照），かつ(2)議論の**前提**が真であることによる特性。

妥当な論証（Valid Argument）→62ページ
演繹的論証で，すべての**前提**を真として受け入れれば**結論**も真だと受け入れること。すなわち論証として成立する場合を指す。

三段論法，シロジズム（Syllogism）→64ページ
アリストテレスが発案したとされる論証法。大前提と小前提からなる二つの**前提**と，それらが導く**結論**の三部からなる論法。

省略三段論法，エンテュメーマ（Enthymeme）→75ページ
口頭や書式による論証で，明示はされないもの，論証に含まれる「隠れた**前提**」のこと。

誤謬（Fallacy）→77ページ
ある主張が不成立になる論理的欠陥のこと。「**形式的な誤謬**」と「**形式的でない誤謬**」があり，前者は論理構造上の欠陥，後者は**前提**または**結論**に含まれる語句に含まれる欠陥を指す。

論証マップ，論証構造図（Argument Mapping）→89ページ
言葉で記述された論証を図式化する方法の一つ。通例，上下二段に分かれ，下方の「主張」群が，上方の「主張」を支える**根拠**として表される。

論理展開への置き換え，変換（Translation,translating）→91ページ
頭の中にある概念･考え･関連性などの理解を深めたり，伝達したりするために，視覚化できるものに変換すること。

好意の原則（Charity/Principle of Charity）→92ページ
相手の主張に対する反論は，その主張の最も説得力あるバージョンを想定して行うことを求める哲学上の決まりごと。加えて，他者の主張を前提－結論の**論理展開への置き換え**をする際，相手の言わんとするところが反映されているかどうかも要求される。

簡潔の原則（Economy）→94ページ
論証において，結論を導く**前提**は必要最小限にという決まり。

最善の説明への推論，アブダクション（Inference to the Best Explanation, Abductive Reasoning）→95ページ
観察された事象に対して最もシンプルに述べること，またはそれに最も近い推論方法。

レトリック，修辞法（Rhetoric）→99ページ
説得的コミュニケーション（99ページ参照）のための修辞技法（文章やスピーチなどの表現を豊かにするための技法），および方法論。

情報リテラシー（Information Literacy）→111ページ
図書館学で発展した研究手法で，情報の検索，評価，分類，総合，伝達を目的とすること。近年は，オンライン上の情報源の取り扱い方を指す意味で使用されることも多くなっている。

メタ認知（Metacognition）→123ページ
思考者が自身の思考プロセスを認識し，自身の思考内容そのものを客観的に思考すること。

第3章

認知バイアス（Cognitive Bias）→137ページ
ヒューリスティックスと呼ばれる，短絡的思考に起因する推論の欠陥。たとえば，自分の信念と一致する証拠や議論しか受けつけない「**確証バイアス**」などがあると，判断がゆがめられやすい。

学習の転移（Transfer）→155ページ
学習分野を問わず，知識やスキルを応用すること。たとえば科学的手法に基づく推論スキルの場合，歴史科目で取り上げる問題や，日常生活での個人の判断に「転移」することで，好ましい結果が得られる可能性が広がる。

意図的な練習（Deliberate Practice）→162ページ
身につけるべき分野の能力を高めることを目的とした，体系的な反復行為。

選択回答方式（Selected-Response Item）→177ページ
試験問題作成において，○×方式や「はい／いいえ」の二択式正誤問題のこと。多肢選択式も，この選択解答方式に含まれる。

表示物（Exhibit）→177ページ
試験問題作成において，問題を解くために必要な情報を提供する文章や図表，その他媒体のこと。

妥当性の検証（Validation）→180ページ
試験問題開発の最終段階で，その試験が計測すると主張する事項がその通りに計測されているかどうかを証明するデータを収集，確認すること。

形成的評価（Formative Assessment）→186ページ
学校教育で，生徒の知識の有無の判定に用いられる評価法の一つ。この評価の目的は，生徒の学びに足りない部分は何かを教師が把握し，その場でそれを生徒にフィードバックすることにある。したがって，原則的には成績評価の対象とならない。

総括的評価（Summative Assessment）→186ページ
学校教育における評価法の一つで，評価対象となる知識とスキルを生徒が身につけているかどうかを判定すること。通常，成績評価の対象となる。

著者
ジョナサン・ヘイバー／Jonathan Haber

アメリカの教育研究者，著述家，起業家。クリティカル・シンキング教育とその評価法の研究，ITラーニングなどテクノロジー活用型学習の研究に従事。2016年に出版した『Critical Voter: Using the Next Election to Make Yourself (and Your Kids) Smarter（クリティカル・ボーター：次の選挙を使って自分と［子どもたち］を賢くする)』をはじめ，フリーのオンライン教材のみで学士号相当資格取得が可能かを検証するプロジェクトなどを主導し，その成果は「ニューヨーク・タイムズ」,「ボストン・グローブ」など主要メディア各紙で紹介される。

監訳者
若山 昇／わかやま・のぼる

京都大学卒。通商産業省（行政官）を経て，スイス系銀行UBSにて国際資本市場業務。米国格付会社S&Pにて企業分析，評価，格付け業務。グロービスマネージメントスクール教員の後，現在，帝京大学法学部教授でクリティカル・シンキングの教鞭を執る。著書に『誰でもわかるクリティカルシンキング』（北樹出版）のほか,『円，元，消滅』（ダイヤモンド社，共著),『アジア連合』（今日の話題社，共著）などがある。

訳者
寺上隆一／てらうえ・りゅういち

フリー翻訳者，Webライター（クラシック音楽関連)。ユヴァル・ノア・ハラリ，ナオミ・クライン，イアン・ブレマーらのコラムやインタビュー記事をはじめ，ニューヨーク・タイムズ，Financial Timesなどさまざまな海外配信記事の翻訳に従事。著作には『《輝き》への航海：メタファーとしての「ラブライブ！サンシャイン!!」』［Amazon Kindle］がある。

CRITICAL THINKING
JONATHAN HABER
クリティカル・シンキング

2021年5月15日発行

著者　ジョナサン・ヘイバー
監訳者　若山 昇
訳者　寺上隆一
翻訳，編集協力　編集プロダクション雨輝
編集　道地恵介，鈴木夕未
表紙デザイン　岩本陽一
発行者　高森康雄
発行所　株式会社 ニュートンプレス
〒112-0012　東京都文京区大塚 3-11-6
https://www.newtonpress.co.jp

ISBN 978-4-315-52372-0

カバー，表紙画像：©macrovector